뒷간

뒷간

김광언

뒷간 이야기

세계에서 가장 오랜 뒷간은 1919년에 고대 수메르 문화의 중심지 유프라테스 강 하류에서 발견되었다. 아카드(Akakad) 왕조(서기전 24세기~서기전 22세기) 때 어떤 집 수세식 뒷간이다. 서기전 2000년쯤 바빌로니아를 통일한 제 4 왕조의 우르나무(Ur-namu)왕 무덤 제5실에서도 벽돌을 쌓아올려 만든 좌식(座式) 뒷간이 나왔다. 바닥으로 물이 흐르는 수세식으로, 하수관의 지름은 1미터에 이른다. 이 무렵에 수세식 뒷간이 적지 않게 보급되었던 모양이다. 고대 이집트의 여러 도시 주민들도 실내에 뒷간을 갖추었다. 또 서기전 1350년 무렵의 이집트의 텔 엘 아마르나(Tel-el-Amarna) 궁전 유적에서도 석회암으로 만든 변좌(便座)가 발굴되었다. 양쪽을 벽돌로 괸 것으로, 가운데에 열쇠 구멍 꼴로 구멍을 뚫었다(그림 1). 똥·오줌은 아래에 놓은 항아리에 받았다가 정원의 거름으로 썼다(Wright, 1960;31).

그림 1 돌을 깎아 만든 변좌
앉기 편하도록 살을 궁둥이꼴로 발라냈다.

그리스에도 크레타 섬 크노소스 궁전(서기전 17~서기전 15세기)에 수세식 뒷간이 있었지만, 서기전 5~4세기의 아테네 서민들은 뒷간과 거리가 멀었다. 길에서 똥·오줌을 누었고, 밤에만 요강을 썼다. 서기전 3세기에도 집에 뒷간이 없어서, 요강

사진 1 로마시대의 수세식 한데뒷간
벽을 따라 ㄱ자로 붙인 에페소스 유적의 한데뒷간. 오른쪽 아래의 도랑으로 물이 흐른다.

청소를 맡은 노예를 따로 둔 형편이었다. 상속문서에 뒷간이 포함되었던 것도 그만큼 드물었기 때문이다.

　로마에는 일찍부터 상·하수도 시설이 잘 갖추어졌다. 이 덕택에 서기전 3세기에 이미 시내 중심부, 체육시설, 공중목욕탕 등에 수세식 한데뒷간(공중변소)이 들어섰다. 클로아키나(cloacina)라고 불린 이 뒷간에는 벽을 따라 물도랑을 돌렸다. 그 위에 걸터앉기 알맞은 높이의 대리석을 놓고, 60~70센티미터 간격으로 원형 또는 열쇠 꼴 구멍을 마련하였다. 배설물은 아래의 도랑을 통해 흘러 나갔다. 서기 1~5세기에는 여러 황제들이 적극적으로 한데뒷간을 세웠다.

　개인 집에서 뒷간을 마련한 것은 1세기 뒤부터이며, 바닥으로 물이 흐르는 수세식도 있었다. 수도관에서 흐르는 물이 반달꼴로 돌아 나가는 위에 구멍 돌은 얹은 것이다. 이 그림의 다른 한쪽, 곧 아무 시설이 없는 데를 일본 학자는 '쭈그려 앉는 뒷간'이라 하였으나(光藤俊夫·中山繁信, 1984;74), 소변소로 보아야 옳다. 이때도 세 든 사람은 뒷간을 쓰지 못 하고 요강을 이용하였으며, 똥·오줌을 충마다 놓은 큰 그릇에 비우거나 길에 쏟아 버렸다. 로마·폼페이·오스티아(Ostia)·팀가트(Timgad) 등지의 대도시 사람들은 돈을 내고 한데뒷간을 이용하였다. 길가의 담 벽에서 똥을 눈 사람도 적지 않았다. 폼페이 유적 담 벽에 "이곳에

사진 2 아래쪽의 구멍은 서서 오줌을 누기 위한 것이다. 위아래짝을 따로 파서 맞추었다(에페소스 유적).

사진 3 한데 뒷간에 걸터 앉은 모습. 아래짝이 본디 없었는지, 대중용으로 지은 까닭인지는 알 수 없다(에페소스 유적).

똥·오줌을 누면 가만 두지 않는다"고 적힌 것으로 그 사정을 알 수 있다. 서울에서도 1970년대에는 으슥한 골목에 '소변 금지'라고 적고, 가위를 그려놓은 데가 적지 않았다. '중요한 것'을 잘라버리겠다는 뜻이다.

사진 1·2·3은 에페소스 유적의 뒷간 모습이다. 한 가지 눈에 띄는 것은 칸막이도 문도 없는, 완전 개방식인 점이다. 당시에는 오늘날처럼 똥·오줌 누는 일을 부끄럽게 여기지 않은 듯하다. 자락이 너른 옷을 입었던 것도 한 원인이었을 것이다.

수세식 뒷간에 견주면, 밑을 닦는 방법은 아주 원시적이었다. 한데뒷간마다 소금물 통에, 헝겊을 감은 막대기를 꽂아놓은 것이다. 이것으로 닦고, 다시 넣으면 다른 사람이 또 썼다(Bourke, 1891;118). 또 거리 모퉁이마다 놓은 오줌 항아리(gastra)를 행인들이 이용하였다.

중세로 접어들면서 위생시설은 오히려 떨어졌다. 유럽 각 도시에 하수도 시설이 전혀 없었던 것이다. 시민들은 길에서 똥·오줌을 누었고, 각 집에서는 새벽에 길바닥에 쏟아 버렸다. 페스트와 같은 돌림병이 큰 폐해를 낳은 것도 이 때문이다. 프랑스에서는 1372년과 1395년에 왕이 오물을 창밖으로 버리지 말라는 명을 내렸으며, 파리에서는 1513년에서야 뒷간을 세우라는 법령이 나왔다.

영국은 16세기말에야 집집에 뒷간이 마련되었다. 그러나 나무 밑이나 으슥한 담 밑에서 일을 보는 왕후나 귀족도 적지 않았고, 스페인 수도 마드리드에서는 1760년까지 똥·오줌을 길 밖으로 쏟아 버렸다. 오줌벼락을 맞지 않도록 여성을 길 가운데로 걷게 하는 것이 당시의 신사도였다. 영국에서는 18세기에도 오줌이 스미지 않는 특수외투를 입었다. 독일의 플뢰트너(Peter Fltner, 1485~1546)나 네덜란드의 렘브란트(Rembrandt, 1606~1669)가 길에서 똥을 누는 농민 그림을 남긴 까닭이 이것이다.

성곽에서도 벽 밖으로 붙인 작은 공간 바닥에 뚫은 구멍에 똥·오줌을 누었다. 이것이 길바닥으로 떨어진 것은 더 말할 나위가 없다. 나는 알프스 산맥 남쪽인 이탈리아의 티롤 지역에 있는 옛 성곽에서 이것을 보았다(사진 4·5). 주위에 인가가 없는 산꼭대기에 위치한 까닭에 근래까지 쓴 듯하다. 지금은 세계적 등반가인 라인홀트 메스너(Reinhold Messner, 1944~)의 소유물이 되었다.

베르사이유 궁전에도 뒷간이 없었다는 설이 돌았으나, 18세기초부터 물의 흐름을 조절하는 손잡이가 달린 수세식 뒷간을 쓴 사실이 근래 밝혀졌다. 그러나 서민은 물론이고 궁정에서도 흔히, 걸터앉는 변기나 요강을 이용하였다. 요강을 닮은 휴대용 변기가 나온 것은 17세기말에서 18세기초이다. 귀족들은 이를 호사스럽게 꾸미는 외에, 금으로 이름도 박았다. 1843년의 「파리시 공보」에도 "벌건 대낮에도 길가에 쭈그려 앉아 똥·오줌을 누는 사람이 흔히 눈에 띈다. 그들은 몸을 가리거나 숨기려 들지 않는다"는 내용이 있다. 19세기 중반에도 온 시가지가 뒷간이었던 셈이다.

수세식 변기는 1596년에 영국의 해링턴(Jhon Harrington, 1516~1612) 경이 발명하였고, 1775년에 개량품이 나왔으며, 1840년대 이후 프랑스와 독일로 퍼져나갔다. 로마 시대의 수세식 뒷간이 1000년도 더 지나서 다시 나타난 것은 수수께끼에 가까운 일이다. 서양 변기는 거의 모두 의자식이지만 한데뒷간이나 공공장소의 것 가운데는 더러 일본의 그것처럼 쪼그려 앉는 것도 있다. 이러한 변기는 특히 터키에 많다.

로마의 완전 개방식 뒷간은 1950년대의 미국 대학 기숙사에 남아있었다. 나는 한국 전쟁 때 미군들이 들판에 나란히 마련한 변기에 줄줄이 걸터앉아서 떠들며 일을 보는 모습을 보았다. 1988년, 그랜드 캐년 부근의 어떤 식당에는 문이 없이 앞이 환하게 터진 것이 있었다. 나는 매우 급박한 상황이었음에도 똥을 누지 못

사진 4·5 중세 성곽의 뒷간
이탈리아 메란시 교외에 있는 세계적인 등산가 라인홀트 메스너 소유의 중세 성곽. 건물 오른쪽으로 나온 발코니가 뒷간이다.

하고 되돌아 나왔다.

비슷한 시기에 아리조나주의 주도(州都) 피닉스 국제공항에서 겪은 일이다. 뒤를 보고 나서 물 꼭지를 찾았으나 보이지 않았다. 물통 좌우 양쪽을 두 손으로 번갈아 가며 더듬고 다시 위아래를 훑었지만 마찬가지였다. "이럴 수가 있나?" 싶어, 바닥까지 살폈어도 역시 눈에 띄지 않았다. 다른 도리가 없어 일어나서 찾기로 하였다. 서서 바지춤을 올리는 순간, '콰르릉' 물소리가 나면서 소용돌이와 함께 오물이 휩쓸려 내려갔다. 꼭지를 찾아 누르지 않더라도, 일어서면 물이 스스로 쏟아져 내리는 변기였던 것이다. 지금은 서울의 삼성병원에도 설치되었다.

1980년대 말 러시아 모스크바 국제공항 변기에 뚜껑은 물론이고, 나무 깔판이 없어서 당황했던 기억이 새롭다. 두 발을 변기 가장 자리에 올려놓고, 조마조마하게 일을 보았다. 1995년, 동시베리아의 하바롭스크시에서 1백 킬로미터쯤 떨어진 작은 도시의 호텔 변기에도 깔판이 없는 것을 보고 놀랐다. 그러나 변기의 크기를 보면, 여간한 뚱보가 아니고서는 걸터앉는 것이 불가능하였다. 따라서 두 다리를 올려놓거나, 궁둥이를 될 수 있는 대로 앞으로 빼고 앉아야 한다. 러시아 사람들은 뒤의 방법을 쓸 터이지만, 어느 쪽이나 불편하기는 마찬가지이다. 궁둥이를 앞으로 빼면 오줌발이 밖으로 뻗칠 위험이 높다. 특히 여성은 더욱 문제가 아닌가?

사진 6 문도 칸막이도 없는 중국(절강성)의 한데뒷간
낯모르는 사람들이 식당에 앉아서 주문한 음식을 기다리듯, 서로 이야기를 나누며 똥을 눈다.

오늘날 중국 대도시의 한데뒷간 구조도 마찬가지이다. 통로 양쪽에 똥 누는 구멍이 있을 뿐 칸막이도 문도 없다. 수세식이 아니고 쪼그려 앉는 점만 다르다(사진 6). 좌식 변기는 서양의 전유물이 아니다. 고대 중국에서도 썼으며 오늘날 절강성의 농촌에도 남아있다. 수세식 변기도 마찬가지이다. 고대 일본에서도 똥·오줌을 물에 흘려보냈고, 13세기에 오물을 거름으로 쓰면서 수거식으로 바뀌었다. 우리네 불국사에서도 수세식 변기를 썼다. 중국의 주나라 궁궐에도 한 때 수세식 뒷간이 있었다.

오늘날이라고 모두 뒷간을 쓰는 것은 아니다. 물과 풀을 따라 옮아 다니는 유목민들은 세울 생각도 없고, 필요도 느끼지 않는다. 나는 1990년 여름, 몽골의 유목민 천막에서 며칠 동안 지냈다. 아침에 일을 보려고 멀리 걸었지만, 사방이 질편한 풀밭이어서 거기가 거기였고, 다른 사람들이 쳐다보는 것 같아서, 하루 이틀은 제대로 누지 못하였다. 저들은 남녀 모두 자락이 넓은 두루마기를 입으므로, 어디서나 쪼그려 앉는 것으로 채비가 끝난다. 이들은 천막의 서북쪽을 똥·오줌 누는 자리로 여긴다.

타이 북부 산악지대의 소수민족들도 마을 주위의 숲이나 언덕에서 똥·오줌을 눈다. 그러나 돼지가 곧 먹어 치우므로 문제가 없다. 기독교 선교사들이 확의 물을

사진 7·8 타이 북부 산악지대 소수민족을 위해 선교사가 세운 마을의 수세식 한데뒷간.
현지민들은 아무도 드나들지 않았다. 똥을 누고 나서 물통의 물을 떠서 흘려보내는 동시에 뒤를 닦고 손도 씻도록 하였다.

떠서 오물을 흘려보내는 뒷간을 지어주었지만, 그들은 드나들지 않는다. 1995년, 라후족 마을에서 일주일쯤 머무는 동안 나 혼자 이용하였다(사진 7·8).

인도 동남쪽의 마드라스 시 해변에도 뒷간이 없다. 남녀 모두 바닷가에서 해결하므로, 해변은 똥 모래밭 그대로이다. 아름다운 풍광에 홀려서 들어섰던 나는, 곧 새 바지에 똥 휘갑을 치고 말았다.

서울에 뒷간 없는 술집이 있다면 믿기 어려울 것이다. 그것도 인사동의 맥주집이다. 맥주를 마시면 자주 오줌을 누게 마련인데, 뒷간이 없으니 놀랄 밖에 없다. 한 구석에 양철통을 놓았을 뿐이다. 남자들은 그렇다고 하거니와, 여자들은 어떻게 눌까? 상상만 해도 얼굴이 달아오른다. 이름을 대면 누구나 알만한 예술가들을 따라 두어 번 드나들었다.

동양 뒷간에 관한 서양 사람의 글이 처음 나온 것은 1893년이다. 미국인 에드워드 모스(Edward S. Morse)가 그해 3월 16일자 『미국 건축과 건물 소식(American Architect and Building News)』지에 쓴 「동양의 뒷간(Latrines Of The East)」이 그것이다(Vol. XXX1X-No. 899). 일본 학자는 책이라고 하였으나, 모두 5쪽의 짧은 글로, 자신의 스케치 8점을 곁들였다. 그는 일본에 오랫동안 머물며 처음으로 진화론을 소개하였고 중국에도 다녀왔다. 그는 중국과 일본 외에 우

리 것에 대해서도 적고, 타이·말레이반도·인도네시아·인도·러시아의 뒷간 이야
기도 덧붙였다. 그는 동양의 뒷간 자체보다 위생적인 배설물 처리에 관심을 기울
였다. 특히 중국에 뒷간이 없는 집이 많아서 똥·오줌이 식수와 지하수를 오염시킨
점을 지적하였다. 그 결과 콜레라나 페스트와 같은 돌림병이 주기적으로 돌아,
많은 사람이 목숨을 잃었다는 것이다. 도시의 똥·오줌을 농촌에서 거름으로 쓰
는 것도 심각한 폐해를 일으키는 중요 원인으로 잡았다. 동양의 다른 나라들도
중국과 다르지 않으나, 일본은 훨씬 앞섰다고 추켜올렸다.

　그러나 이집트·그리스·인도 등지에서도 고대부터 집짐승의 똥을 거름으로 썼
다. 유럽도 마찬가지이다. 12~19세기에 걸쳐 이루어진 삼포제(三圃制)에 따라,
셋으로 나눈 경작지의 한곳을 갈지 않고 집짐승을 놓아먹이고, 그 똥을 거름으로
쓴 것이다. 페르시아에서도 밀밭에 똥을 주었다.

　그가 동양의 뒤떨어진 위생관념을 꼬집으면서도 100여 년 전에는 미국이나
유럽도 같은 수준이었다고 하는 등, 객관적인 입장을 지킨 것도 돋보인다. 다음
의 결론 부분은 다시 읽어 볼만하다.

　세상에는 아주 간단한 뒷간조차 쓰지 않는 족속이 많다. 뒷간 자체도 위생의 필
요성보다 똥·오줌을 거름으로 쓰려고 세웠다. 적지 않은 인류가 아직도 유인원처
럼 똥·오줌을 누고 지냄에도 불구하고, 한쪽에서는 음식을 먹으면서 예절을 지키
고 접시에 그림을 그려 넣어 꾸미기도 한다. 많은 문명사회의 무관심은 심각한 질병
을 일으켰고, 가공할만한 돌림병을 퍼뜨렸다. 인간이 만물의 영장이라 자랑하지만, 다
른 동물들은 우리보다 더 나은 방법을 쓴다. 고양이는 제 똥을 땅에 묻으며, 둥지에 사
는 새들, 예컨대 로빈 따위는 입에 물어서 둥지 밖으로 내다 버리는 것이다(하략).

　뒷간을 다른 이름으로 둘러대는 관습은 양의 동서나, 때의 고금이 모두 같다. 그
리스의 '코프론(kopron)'만 '똥누는 데' 일뿐, 다른 것은 모두 둘러대는 말이다. 예
컨대, 아포타토스(apotatos)는 '집밖(the walk outside of the house)'이고, 아포
도스(apohdos)도 마찬가지이다. 오이마레이아(eumareia)는 '설비(the
facillities)', 이프노스(iponos)는 '오븐(oven)'을 가리킨다. 형태가 닮은 데서

온 듯하다.

고대 로마에서는 뒷간을 '씻는 데'라는 뜻의 라바트리나(lavatrina)라 불렀으며, 오늘날 라바토리(lavatory)로 굳어졌다. 뒤에 '집밖의 오두막(the hut outside)'이라는 뜻의 포리카 타베르나(forica taberna)도 나왔다.

독일도 크게 다르지 않다.

가장 오랜 16세기의 압트리트(abtritt)는 '집 밖'이라는 뜻이다. 그리스말 아포타토스에서 온 이 말을 오늘날에도 쓴다. 압트리트가 일반화하자 '밖의 공간(the place away)'이라는 뜻의 아보르트(abort)가 생겼다.

1750년에 영국에서 들어온 수세식 변기(water-closet)의 영향을 받아 클로젯트(klosett)가 선보였다. 본디 '닫힌 공간(closed)'을 뜻하는 이 말은 옷(cloth)과 무관하였으나, 근대에 '옷을 갈아입는 데'라는 의미로 바뀌었다. 옷을 가리키는 프랑스 말 토일렛뜨(toilette)가 들어온 것은 19세기로, 말 뜻이 '옷 벗는 데'로 변하였다. 수세식 변기의 보급에 따라 20세기초부터 WC가 자리를 잡아왔다. 현재 공식적으로는 토일렛트라고 하지만, 개인 집에서는 '클로(klo)'라 부른다.

우리나 중국처럼 뒷간을 대수롭지 않게 여기는 민족도 드물다. 사용빈도를 기준 하면 뒷간이야말로 방이나 부엌 못지 않은 중요한 공간이다. 하루 서너 차례 이상 반드시 드나들어야 하기 때문이다. 건축학자들도 마찬가지이다. 예컨대, 1985년에 문화재청에서 낸 『문화재 대관』 중요민속자료편(상)에 실린 132채의 평면도에 뒷간이 거의 보이지 않는다. 아예 뺀 것이다. 외국 사람들이 보면, 조선시대 상류사람들은 이슬을 먹고 구름 똥을 싼 줄 알 것이다. 그러나 일본에서는 벌써부터 여러 채의 뒷간을 문화재로 지정하였다. 나는 1990년대 초부터 문화재청에 몇 곳의 뒷간을 문화재로 지정하자고 졸랐으나 말만 잃어버렸다. 우리공무원들은 아직도 고려청자나 조선백자라야 문화재감이 된다고 여기는 모양이다. 그 사이에 공주 마곡사의 것은 헐렸고, 송광사에서는 현대식으로 개조하고 말았다. 그나마 선암사에서 옛 법식대로 다시 지은 것은 고마운 일이다.

서양의 여러 나라와 달리 일본에서는 아직도 쭈그려 앉는 변기가 큰 비율을 차지한다. 공간을 덜 먹는 장점도 있지만, 그 보다 똥·오줌을 눌 때 궁둥이가 변기에 닿지 않는 것을 선호하는 일본인 특유의 결벽증 때문이다. 대부분의 가정에

양변기를 놓았음에도, 공공시설 화장실에 재래식이 압도적으로 많은 것은 이와 연관이 깊다.

우리나라에 양변기가 퍼진 것은 1970년대 이후이다. 1958년에 종암아파트, 이듬해에 개명아파트 그리고 1962년에 마포아파트가 각각 서울에 건설되었지만, 시설은 재래식 그대로였다. 아궁이에 연탄 화덕을 넣어 난방을 하였고, 변기 또한 쭈그려 앉는 일본식이었던 것이다. 그러나 이와 대조적으로 1957년에 서울에 첫 선을 보인 행촌아파트는 집중식 난방 시설에, 좌변기를 갖추었다. 외국인을 위해 지었기 때문이다. 우리가 이와 같은 수준의 아파트를 처음 세운 것은 1970년으로, 세운상가 뒤쪽의 진양아파트가 그것이다. 따라서 이름에 걸 맞는 아파트는 이 무렵부터 나타난 셈이다.

2002년의 월드컵 축구대회 때, 월드컵축구대회 문화시민운동 중앙협의회에서 '아름다운 화장실' 운동을 벌이는 한편, 심사를 해서 등급을 매겨온다. 이 모임에서 낸 책자(『아름다운 화장실』)에 실린 것을 보면, 우선 그 화려함에 놀라지 않을 수 없다. 이들은 모두 공중·다중·업소화장실임에도 눈이 번쩍 뜨이도록 사치스럽다. 심지어 수 십 만원에 이르는 '비데'까지 설치한 곳도 적지 않다. 또, 수원 월드컵 경기장 주변에 세운 13평 규모의 공중화장실 평당 건축비는 770만원이었다(2002년 봄). 이것은 서울 강남 최신식 카페의 인테리어 비용과 맞먹는 액수이다. 수원시가 3억 원을 들여서 세 채나 지었다니 기가 찰 노릇이다. 내부뿐 아니라 외부에도 미술관이나 박물관을 뺨치는 호사를 부렸다. 미리 아는 사람 외에는, 아무도 똥·오줌을 누는 데라고 상상하기조차 어렵다. 화장실은 고사하고 집의 거실이나 방을 이렇게 꾸미고 사는 국민이 과연 몇이나 될 것인가? 남에게 보이기 위해 돈을 퍼붓기보다, 깨끗하고 편리한 화장실 하나를 더 세우는 '시민 의식'과 '정부 시책'이 아쉽다.

한 일본인은 서울 충무로의 유명 관광호텔 화장실 남자 칸에, 뒤를 닦은 화장지를 담는 그릇이 따로 있는 것을 보고 놀랐다는 글을 남겼다. 그러나 그 곳 뿐이 아니다. 평창동의 별 다섯 개짜리 호텔도 마찬가지이다. 어디 호텔뿐인가? 개인 집도 적지 않다. 몇 해 전, 어떤 이가 신문에 이를 나무라는 글을 발표하자, 다른 이가 "화장지는 완전히 분해되지 않으므로, 따로 버리는 것이 좋다"는 반론을 폈다.

화장지가 환경에 얼마나 해를 끼치는지 알 수 없으나, 따로 모았다가 버리는 나라는 우리뿐일 것이다. 그렇다면 우리 제품의 질이 그만큼 떨어진다는 말인가? 1958년 여름 해군 군함을 탈 때, 담당 장교가 "국산 화장지를 쓰면 변기가 막히니 미제를 사 오라"던 말이 떠오른다. 그것은 이미 반세기 전의 일이다. 개인 집도 그렇지만, 관광호텔만은 얼른 치울 일이다.

이 책은 2002년에 낸 『동아시아의 뒷간』(민속원) 가운데 우리네 뒷간에 관한 내용을 뽑아, 깁고 보탠 것이다. 앞의 책은 한국문학번역원에서 중국말로 옮긴 것을, 2008년에 중국의 남경(南京) 봉황출판전매집단(鳳凰出版傳媒集團)에서 책으로 냈다.

2009년 가을

김 광 언 적

차례

1. '뒷간'의 말뜻

▶ 뒷간

신라시대 이전에 뒷간을 어떻게 불렀는지 알 수 없다. 고려 때는 대체로 '측(厠)'으로 적었다. 『삼국유사』(권2 기이2 혜공왕)에 '측청(厠圊)'이라는 이름이 보인다(先時宮北厠圊中二莖蓮生). 『고려사』에 '혼(溷)'도 들어 있으나(열전 제38 박심조), 이는 예외적인 것이다. 한편, 동아대학교 고전연구실은 1987년에 낸 『역주 고려사』에서 '측두(厠竇)'를 '변소 들창'이라 새겼지만(열전 제38 김종연), '뒷간 구멍'의 잘못이다. 사람이 뒷간 구멍으로 빠져 나올 수 없다고 여긴 듯하나, 뒤에 설명하는 대로 이곳을 통해 달아난 사람이 적지 않다.

조선시대에도 상류층에서는 측간(厠間)이라 이른 반면, 서민들은 뒷간이라 불렀다. 이 밖에 정랑(淨廊)·통시·동사(東司)·서각(西閣)·북수간(北水間)·변소(便所)·매화간이라는 이름도 썼다. 궁중의 나인들은 급한데·작은집·부정한데 등으로 불렀다(김용숙, 1987;196).

'뒷간'(사진 9)은 1459년에 나온 『월인석보(月印釋譜)』에 처음 보인다.

淫慾앳 이론 즐거부른 젹고 手苦ㅣ 하ᄂᆞ니…뒷가니 난 곳 ᄀᆞᆮᄒᆞ야(7;18).

사진 9 뒷간 현판(선암사)
우리나라에서 가장 큰 뒷간답게 굵게 쓱쓱 써 내렸다. '대변소'
는 '똥칸'이라는 뜻이 아니라 '아주 큰 뒷간'이라는 말이다.
'싼뒤'에 대해 어떤 이는 '까고 나서 뒤를 보라'는 뜻이라고 새
기는 재치를 부렸다.

(음욕이란 즐거움은 적고 괴로움을 받음이 많으니 뒷간에 핀 꽃 같아서)

1489년에 간행된 『구급간이방(救急簡易方)』의 보기이다.

바미 시혹 뒷가내 오르거나 시혹 드르헤 나가거나(暮夜或登厠或出郊
野)(상;15).
(밤에 혹시 뒷간에 가거나 들에 나가거나)

오늘날의 뒷간으로 굳어진 것은 1527년에 나온 『훈몽자회(訓蒙字會)』부터
이다. 다음이 그것이다.

廁 뒷간 치 國音 측 俗呼厠屋又茅厠又間雜也…圂 뒷간 혼 俗呼淨房 圊
뒷간 俗又呼東司(초;중 3)
(廁은 뒷간 치이다. 우리 소리값은 측이다. 측옥·모측·간잡이라고도 한다.
圂은 뒷간 혼이다. 정방이라고도 한다. 圊은 뒷간이다. 동사라고도 부른다).

1542년의 『분문 온역 이해방(分門瘟疫易解方)』과 1670년의 『노걸대언해(老乞大諺解)』, 그리고 1690년의 『역어유해(譯語類解)』의 보기이다.

쏘 가치롤 뒷간 앏픠 무드라(又方 埋鵲於圊前)(5).
(또 까치를 뒷간 앞에 묻어라)
이런 어두은 싸해 뒷간의 가미 어렵다(這般黑地裏 東廁裏難去)(상;37).
(이런 어두운 땅에 뒷간에 가기 어렵다)
淨房 뒷간 茅房 上소(상;19)

1617년의 『동국 신속 삼강행실도(東國新續三綱行實圖)』에서는 '뒫간'으로 적었다.

싀어미 미양 뒫간의 갈 제 몸소 친히 업더라(姑每如廁 身親負之)(열 1;42).
 (시어머니가 뒷간에 갈 때마다 업었다).

뒷간은 말할 것도 없이 '뒤에 있는 방'이라는 뜻이다. 우리 겨레는 오랜 옛적에 시베리아에서 불어오는 찬바람을 등지고, 따뜻한 남쪽으로 내려왔다. 따라서 언제나 앞은 남(南)이고 뒤는 북(北)이었다. 민속에서도 앞이나 남쪽을 광명·봄·부활로, 북쪽을 어둠·겨울·죽음으로 여긴다.

옛적에도 뒤는 북쪽을 가리켰다. 『용비어천가』에서 북천동(北泉洞)을 '뒷샘골'이라 부르고, 『훈몽자회』에서도 '북(北)'을 '뒤 북'이라 새겼다. 음부나 항문을 씻는 물을 '뒷물', 이렇게 하는 데를 '북수간(北水間)'이라 하고, 똥 누는 것을 '뒤본다' 이르는 것도 마찬가지이다. 이와 대조적으로 남쪽은 앞이었던 까닭에, 남쪽의 산은 '앞산'이었다. '뒤보기'의 용례는 『노걸대언해』에 보인다.

뒤보기 됴티 아니흐랴(淨手不好那)(상;33).
내 몰 자바쇼마 네 뒤보라 가라 나는 뒤보기 마다 네 길흘 쯰워흐고 길ㅺ새셔 뒤보기 말라(我拿着馬 你淨手去 我不要淨手 你離路兒着 休在路邊淨

手)(상;37).

(내가 말을 잡았으니 너는 뒤 보러 가라. 나는 뒤 볼 때마다 너와 떨어져서 하겠다. 길가에서 뒤 보지 말라).

'뒷간'을 집 뒤에 둔 것은, 어둡고 냄새 나고 더러운 공간을 될수록 가리고 싶었기 때문이다. 『훈몽자회』에는 뒷간 외에도 환(圂)·혼(溷)·측옥(厠屋)·모측(茅厠)·간잡(間雜)·정방(淨房)·청(圊)·동사(東司) 등의 중국 이름이 있다. 저자가 "이 책을 중국어를 배우는 데에도 쓰게 하려고 마음먹었기 때문"에 집어넣었을 것이다(범례 7조).

▶ 정랑(淨廊)

정랑은 절간에서 쓰는 이름이다. 전라남도 송광사에는 옛적에 '정랑'이라고 쓴 작은 현판을 걸었었다(사진 10). 정랑의 '정(淨)'은 '깨끗하다' 또는 '깨끗이 하다'는 말이지만, 불교에서는 부처의 세계를 상징하는 특별한 의미로 쓴다. 예컨대, 정토(淨土)는 걱정 근심이 없는 극락을, 정원(淨院)은 절간을, 정계(淨戒)는 깨끗한 부처의 계법(戒法)을, 정토지학(淨土之學)은 불교학을 이른다. 또 정토종(淨土宗)이라 하여, '나무아미타불'의 여섯 자를 읊조리며, 아미타여래의 대원력(大願力)인 서방 극락정토에 가는 것을 이상으로 삼는 종파도 있다.

그러므로 정랑은 단순히 '깨끗한 데'를 가리키는 말이 아니라 '부처의 세계'를 이르는 심오한 뜻을 지닌 것이기도 하다. 특히 선종(禪宗)에서 뒷간에 드나드는 것을 수행의 한 과정으로 삼아, 입측오주(入厠五呪)를 외우는 까닭도 이에 있다. '더러운 데'를 '깨끗한 데'로 바꾸고, 이를 부처의 세계로 여기는 불교의 정신은 참으로 위대하다.

정랑(淨廊)의 낭(廊)은 '복도'나 '행랑'의 뜻이다. 절간의 뒷간은 좌우 양쪽에 남녀의 칸을 두므로, 가운데에 자연히 복도가 생긴다. 뿐만 아니라 입구에 복도를 붙이기도 한다. 송광사나 선암사의 뒷간이 좋은 보기이다. '정'은 흔히 절간

에서 뒷간의 대명사로도 썼다. 이러한 의미에서 최세진이 『훈몽자회』에서 측간을 일반인이 알기 쉽도록 '정사(淨舍)'와 '정방(淨房)'으로 새긴 것은 잘한 일이다. 경상북도를 비롯하여 북한 지방에 퍼진 '정랑'은 이에서 왔다.

정약용은 『아언각비(雅言覺非)』에 "청랑(圊廊)을 잘못 옮겨서 정랑(精朗)이라 한다"고 적었다. '청랑'과 '정랑'도 흔히 쓴 듯하다.

▶ 해우소(解憂所)

근래에는 해우소이라는 이름이 널리 퍼졌다(사진 11). '근심을 더는 데(解憂所)'이라니, 참으로 그럴 듯하다. 급한 때로 말하면 세상에 이보다 더한 근심이 또 어디 있는가? 이에 견주면 서양의 '쉬는 방(Rest Room)'이나, '편안한 방'이라는 뜻의 '변소(便所)'는 멋대가리 없다. 해우소의 원조(元祖)는 비구니 절간인 충청남도 동학사(東鶴寺)이다. '해우소'로 건너가는 다리 난간 기둥에도 '해우교(解憂橋)'라 새겨 놓았다(사진 12). 이는 우리네 창작품으로, 중국이나 일본의 절간에서는 쓰지 않는다. 6·25 전쟁 뒤 어떤 스님이 지었다고 한다.

▶ 기타

통시·동사·서각·매화간 등을 살펴본다.

똥의 고어는 쏭이다(『월인석보』 10;117). 『훈몽자회』에서도 '시(屎)'를 '쏭 시'라 하였다. 따라서 '쏭'이 '통'으로 발음되어, 똥을 누는 공간이라는 뜻의 '통시' 또는 '통시깐'이 나왔을 것이다. 1569년의 『칠대만법(七大萬法)』에 '도로 통시예 쏭이로라 ᄒᆞ고'라는 용례가 보인다(13). '통시'를 오래 전부터 쓴 것을 알 수 있다.

『훈몽자회』에 실린 '동사(東司)'는 중국 이름으로, 매우 드물다. 우리보다 일본의 사찰에서 널리 썼다.

서각(西閣)은 개성을 비롯하여 황해도 지역에서 불린다. 제주도 무당노래에도 들어있는 것을 보면, 다른 곳에도 퍼진 듯하다. 이성계가 머물던 수궁창 서쪽의 서각을, 그를 미워한 사람들이 변소 대신 쓴 데서 왔다지만, 뒷간을 북쪽이나 서쪽에 두는 것을 둘러댔을 가능성이 높다.

우리말 '뒷간'은 언제부터인가 '변소'로 바뀌었다. 변소는 『삼국사기』·『삼국유사』·『고려사』 등에 보이지 않으므로, 고려 이후에 나온 것으로 짐작된다. 15세

기의 문헌에도 '소변'과 '대변'은 있지만, 변소는 보이지 않으며, 『17세기 국어사
전』에도 올라 있지 않다. 그러나 앞의 두 이름이 존재한 점에서 이미 썼을지도
모른다.

1960년대까지 불리던 뒷간과 변소(사진 13)는 1970년대에 들어와 양옥과 아
파트가 늘어나면서 '화장실'로 바뀌었다.(사진 14) 이곳에서 똥·오줌을 눌 뿐 아니
라, 몸을 씻고 화장도 하면서 주인 자리를 차지한 것이다. 뒷간이나 변소에는 어둡
고 더럽고 냄새 나는 듯한 이미지가 깃들인 반면, 화장실은 밝고 우아한 느낌을 주
는 것이 사실이다. 이에 따라 '뒤지'도 '화장지'로 둔갑하였다. 그러나 이것은 일
본 사람들이 쓰다가 버린 이름이라는 사실을 알아야 한다. 일본은 서양의 것
(토일렛)을 따르고, 우리는 일본의 찌꺼기를 들여온 것이다.

우리네 옛말사전들이 뒷간에 까는 '부출'을 잘못 새겨 놓은 점을 집고 넘어가
야 한다.

유창돈이 1964년에 낸 『이조어사전(李朝語辭典)』에서 '부츨'을 '부출'이라
새기고 『역어유해』의 '보ㅅ 부츨 나모(犁獎)'를 보기로 든 것이 시초이다. 한
글학회의 『우리말 큰사전』에서도 '부츨 나모'가 '부출'이라며, 다음 보기를 들었
다.

사진 14 남원시 광한루의
남녀칸 표지

犁 犁 又馭文又耕也 又 今俗語犁兒 보 又 犁檠봇 부츨나모 又犁牛頭 보
십『四聲通解』(중, 상:28)

犁檠 보ㅅ부츨나모 犁把 上ㅅ『역어유해』(下)

(이 장은 보를 붙드는 나무이다. 이 파도 마찬가지이다).

1999년의 국립국어연구원의『표준국어대사전』에서도 '부츨 나모'를 '부츨 1'의
옛말이라 하고, 앞에서 든『역어유해』의 용례를 붙였다.

그러나『사성통해』(1517년간)의 '犁檠'은 쟁기의 '술'을 가리키는 말이다. 따
라서 '보ㅅ부츨 나모'는 '보를 붙드는 나무', 곧 '보를 고정시키는 나무'라는 뜻이
다. 이 때문에『역어유해』에서 '把犁와 같다'고 한 것이다. 술에 해당하는 한자
가 '상앗대 장(檠)'인 것도 둘의 형태가 닮은 데서 왔다. 이를 이미 밝혔음에도,
잘못이 거듭되고 있다(김광언, 1986;81).

따라서 앞의 '부츨나무'와 뒷간에 까는 '부츨'은 낱말이 같을 뿐, 뜻은 전혀 다
르다. 더구나『표준국어대사전』에서는 '부츨 1'을 '가구 따위의 네 귀퉁이에 세운
기둥'이라고 엉뚱하게 풀었다. 더욱 더 빗나간 것은 한국정신문화연구원에서 1995
년에 낸『17세기 국어사전』이다. '부츨나모'를 '널판지'라 하고, 앞에서 든『역어유

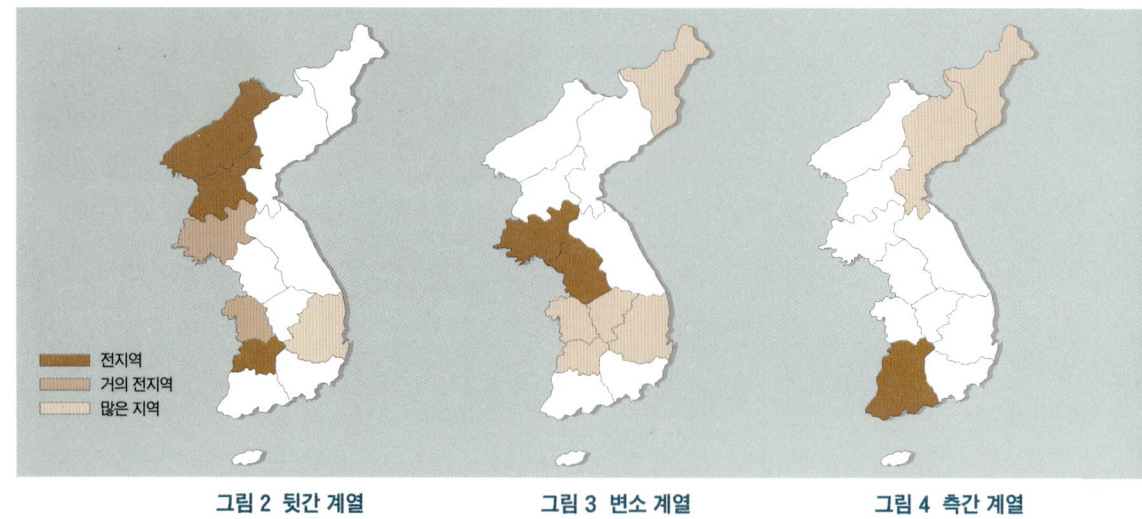

그림 2 뒷간 계열　　　**그림 3 변소 계열**　　　**그림 4 측간 계열**

해』의 내용을 덧붙인 것이다. '부츨나모'의 '부츨'은 '브티다'가 원형이며, 이것이
'브츠다'로 바뀐 결과이다. 곧 '붙이다', 또는 '붙게 하다'의 뜻이다. 다음 용례가
그것이다.

　흐다가 이 法師의 이 ᄀᆞᆮᄒᆞᆫ德 일우믈 보아든…頭面으로 바래 브텨 절ᄒᆞ야(若
見此法師의 成就如是 德ᄒᆞ야든…頭面으로 接足禮ᄒᆞ야).『법화경(法華經)』
(5;212)
　(더구나 이 법사의 이 같은 덕이룸을 보거든 머리를 다리에 붙여서 절하여)

　뎌른 머리ᄅᆞᆯ 簪纓에 브툐라(短髮寄簪纓).『두시언해(杜詩諺解)』(初 23:24)
　계ᄌᆞ ᄒᆞᆫ 되ᄅᆞᆯ 초 서 되예 글혀 ᄒᆞᆫ 되 ᄃᆞ외어든 머리예 브티고 뵈로 ᄡᅡ ᄆᆡ요ᄃᆡ(芥
子 계ᄌᆞ 一升 酢 초 三升 煮取一升 傅頭以布裹之).『구급간이방(救急簡易方)』
(1:15)
　구틔여 골 브티기 말라(不須貼膏藥).『박통사(朴通事)』(上:13)
　(구태어 고약을 붙이지 말라).

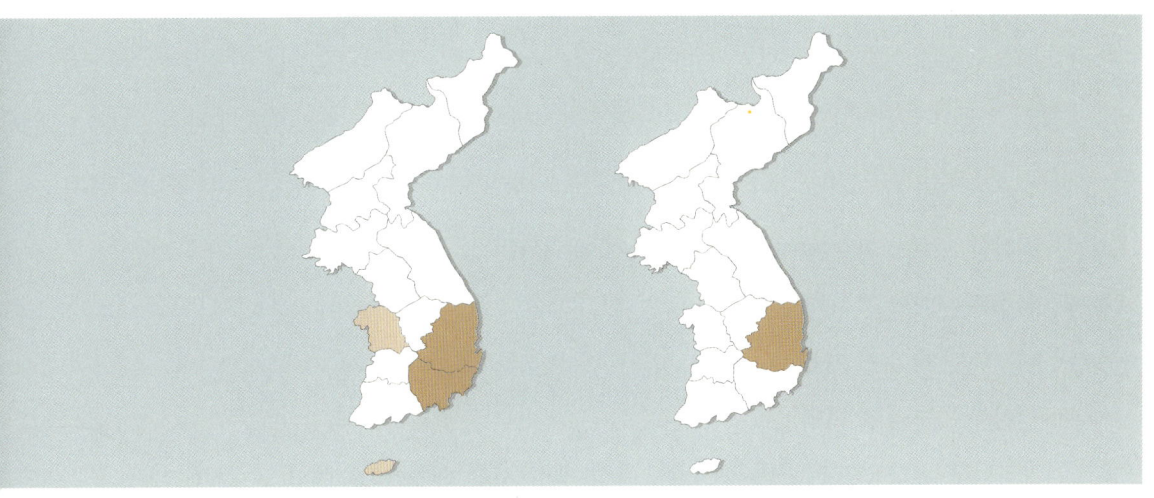

그림 5 통시 계열　　　　**그림 6 정랑 계열**

▶ 이름 분포도

　최학근의 『증보 한국방언사전』에 실린 뒷간·변소·측간·통시·정랑 등의 분포 지역을 도표로 꾸몄다. 그림에서 짙은 색은 '전 지역', 중간색은 '거의 전 지역', 밝은색은 '많은 지역'을 나타낸다.

　(1) 뒷간 계열(그림 2)

　뒤깐 ; 평안북도·평안남도·전라북도 전 지역·충청남도 많은 지역.

　뒷간 ; 황해도 거의 전 지역·평안남도·충청북도·충청남도·강원도·평안남도 일부 지역

　뒷깐 ; 경상북도 많은 지역

　두깐 ; 황해도 많은 지역

　듸깐 ; 충청남도 거의 전 지역·충청북도 청주, 보은, 영동, 단양

　(2) 변소 계열(그림 3)

　변소 ; 황해도·경기도 전 지역·강원도·경상북도·충청북도·충청남도·전라북도 많은 지역

벤소 ; 경상남도·전라남도·함경북도의 많은 지역·경상북도·함경남도·전라북
도 일부 지역

(3) 측간 계열(그림 4)

직간 ; 전라남도 거의 전 지역·충청남도 공주, 강경, 서천

측간 ; 함경북도 거의 전 지역

측깐 ; 함경북도 거의 전 지역

치간 ; 전라북도 거의 전 지역

칙간 ; 전라남도·전라북도 전 지역·충청남도 홍성, 청양, 서산, 태안, 대전, 예산,
아산·경상북도 포항, 경주, 영천

칙간 ; 전라북도 남원, 순창, 정읍, 김제, 전주, 임실·전라남도 장성, 목포, 담양.

측실 ; 함경남도 거의 전 지역·평안북도 자성, 강계, 후창

(4) 통시 계열(그림 5)

통시 ; 경상북도·경상남도 거의 전 지역·전라남도 담양, 구례, 여수, 광양, 강진,
목포·제주도 제주, 성산, 서귀, 대정·충청북도 영동·전라북도 남원

통시깐 ; 경상남도 밀양, 부산, 김해, 마산, 거창

통씨 ; 경상북도 김천, 함양, 산청, 진주, 사천, 충무

통새 ; 전라남도 강진, 해남, 진도, 구례, 곡성, 순천

동수깐 ; 충청남도의 많은 지역·전라북도 남원, 군산, 전주, 임실

(5) 정랑 계열(그림 6)

정랑 ; 경상북도 거의 전 지역?함경남도 영흥, 정평, 천내, 원산, 법동.

경낭 ; 평안북도·황해도의 일부 지역

껑낭 ; 평안북도 운산, 구성, 양강, 자성, 희천, 후창

껑낭깐 ; 평안북도 희천, 동신, 강계, 자성

뒷간 계열은 서부지역 곧, 평안남북도·황해도·충청남도·전라북도에 집중적으

로 분포한다. 이들 가운데에 낀 경기도만 빠진 까닭이 무엇인지 궁금하다. 동부에는 오직 경상북도가 포함된다.

통시 계열의 본거지는 경상도와 제주도이다. 문화적으로 가까운 전라도는 빠지고, 그 너머의 충청남도가 들어간 것도 수수께끼이다. 측간 계열도 동북과 서남으로 갈라졌으며 중부 지역은 텅 비었다.

정랑 계열은 경상북도에서만 뚜렷하다.

변소 계열의 중심지는 황해도·경기도이며, 함경북도·전라남도·경상남도에서도 널리 불린다.

다음은 두 계열을 함께 쓰는 고장이다.

함경도(통시·변소)

황해도(뒷간·변소)

충청남도(뒷간·통시)

전라도(뒷간·측간·변소)

앞의 여러 이름 가운데 가장 일반적인 것은 6개도에서 불리는 '뒷간'이고, 다음은 다섯 개의 '변소'이다.

2. 옛적 뒷간

조선시대에 뒷간을 처음 책에 올린 이는 홍만선(洪萬善, 1643~1715)이다. 『산림경제(山林經濟)』의 내용이다(권1 卜居).

뒷간(厠)의 방향은 자방(子方·북)과 축방(丑方·동북)은 다 나쁘고, 인방(寅方·동북)·묘방(卯方·동)·미방(未方·서남)은 아주 좋다. 진방(辰方·동남)은 밭농사와 양잠에 좋고, 사방(巳方·동남)은 자손이 잘된다. (중략)

뒷간을 새로 지으면 옛 것을 똥·오줌과 함께 바로 없앤다. 똥통에 물을 가득 채운 다음, '똥·오줌을 치운다' 이르지 않고 '물을 퍼낸다'고 해야 좋다(『거가필용』). 부엌의 재를 뒷간에 버리면 가난하고 나쁜 일이 크게 벌어진다(『산거사요』·『거가필용』). 구더기는 순채(蓴菜 : 연못 등에 나는 풀) 한 줌을 넣으면 곧 없어진다(『거가필용』). 뒷간 가운데와 사방 벽에 침을 뱉으면 안 된다(『산거사요』·『거가필용』). 뒷간에 갈 때 서너 걸음 떨어져서, 두서너 번 기침 소리를 내면 귀신이 달아난다(『산거사요』·『거가필용』).

쓴 이가 토를 단 것처럼, 앞 내용은 모두 명나라 전여성(田汝成)의 『거가필용(居家必用)』과, 왕여무(王汝懋)의 『산거사요(山居四要)』에서 뽑아 왔다. 따라

사진 15 귀때동이
밭 가로 날라온 똥통의 똥·오줌을 이 귀
때동이에 딸아붓고, 사람이 들고 다니며
질금질금 주었다. 왼쪽에 귀를 붙인 까
닭에 귀때동이라고 부른다. 가위다리꼴
의 손잡이가 돋보인다.

서 이 내용을 우리가 얼마나 지켰는지 의문이다. 그가 자신의 생각이나 주장을
내세우지 못하고 남의 나라 책에서 끌어 댄 것은 아쉽지만, 처음으로 뒷간 항목
을 따로 둔 점은 실학자다운 면모라 하겠다. 한편, 뒷간에 들어가기에 앞서 기침을
하고, 안에서 침을 뱉지 않는 등의 관습이 중국에서 들어 온 것을 알 수 있다. 우리
도 재는 함부로 버리지 않았다.

유중림(劉重臨)은 이보다 반세기쯤 지난 1766년에 『증보산림경제(增補山林
經濟)』를 내면서 뒷간을 짓는 날과 방향 그리고 뒷간을 치는 일에 대한 『산림경
제』의 것을 그대로 옮겨놓았다(上篇 卜居).

안채와 사랑채에 뒷간을 따로 세울 것을 강조한 것으로 미루어, 안뒷간과 바
깥뒷간을 적극적으로 세운 것은 18세기 이후부터로 생각된다.

서유구(徐有榘, 1764~1845)가 1827년쯤에 낸 『임원경제지(林園經濟志)』
에 뒷간(厠室)과 오줌웅덩이(溺庫) 그리고 잿간(灰屋)의 위치와 구조 등에 대
한 내용도 들어 있다(贍用志 권제1 溷厠 溝渠).

뒷간은 반드시 널리 트이고 밝아야 하며, 낮고 어둡거나 음침해서는 안 된다(『증
보삼림경제』). 안채, 사랑채, 담장 밖 밭 가 등 세 곳에 세워야 한다. 안채와 사랑채

것은 나무 기둥을 세우고 널벽을 친 다음, (지붕은) 회(灰)로 덮는다. 기둥 발부리에서 석 자 이상 높이에 널을 깔고, 앞에 사닥다리를 놓아 오르내린다. 널 가운데에 타원형 구멍을 뚫고, 자루가 길고 끝을 우묵하게 파 낸 그릇에 모래와 흙을 담아 똥을 받는다. 이를 밟아서 벽돌 꼴로 만들어 매일 담 밖의 뒷간으로 옮긴다. 예운림(倪雲林)은 뒷간(溷厠)을 다락집으로 짓고, 아래 나무 틀(木格)에 거위 털을 가득 채웠다. 똥이 떨어지면 털들이 들고일어나 덮었으며, 옆의 어린 아이(童子)가 곧 치웠다. 이는 그의 결벽증 탓이지만, 뒷간은 반드시 깨끗해야 한다. 유희(劉熙)는 『석명(釋名)』에 '뒷간(圊)'이라는 말은 언제나 똥·오줌을 깨끗이 치우는 데서 왔다고 적었다(『金華耕讀記』). 담 밖의 뒷간은 세 칸으로 세운다. 위는 돌기와(石板)로 덮고 한 칸에 주위에 담을 두르고(중략) 동복(童僕)이나 머슴이 똥·오줌을 거두게 한다. 뒷간 앞 담장에 구멍을 내고 널문을 달아서, 닭이나 개가 파거나 핥는 것을 막는다. 남은 두 칸 역시 사람 어깨 높이의 담을 두르고 문을 붙인다. 매 번 사람과 가축의 똥을 모아 밟아서 벽돌 꼴을 지어 말려 모은다. 낮에는 해를 가리고 밤에는 이슬을 막아서(해나 별에 노출되면 질이 떨어진다) 봄에 밭으로 실어 나른다(上同).

잿간(灰室)

마땅히 밭 옆의 뒷간 부근에 둔다. 사방으로 담을 쌓고 앞에 구멍을 뚫고 문을 붙인다. 위에 들보를 얹고 산자에 거적을 덮는다. (또는 돌기와나 진흙에 회를 이겨서 덮는다. 돌기와에는 거적을 덮지 않아도 좋다.) 매일 오줌을 뿌리면 좋은 거름이 된다. 열이 나서 불이 날 위험이 있으므로, 창문은 반드시 바람이 불지 않는 쪽에 낸다(『증보산림경제』).

잿간에 대한 설명도 돋보인다. 재의 유용성에 대한 부분은 말할 것도 없고, 건축
방법과 위치 그리고 화재 예방법까지 들었다. 우리네 뒷간은 대체로 어둡고 음침
하게 마련인데 "널리 트이고 밝아야 한다"고 적었다. '똥누는 공간'인 뒷간을 '거
름 저장소'로 여긴 까닭이다. 밭 가에 뒷간을 세우자는 주장도 농학자답다. 안채와
사랑채의 뒷간을 다락집으로 꾸미면 역시 거름을 모으고 나르기 쉽다. 그러나 뒷
간을 세 채나 둘만한 양반네 여성들이 사닥다리를 오르내리는 모습은 상상하기 어
렵다. 실제로 안뒷간을 이렇게 꾸민 집은 드물다.

모래를 담은 나무통에 똥·오줌을 받아 밖으로 옮기면, 냄새도 나지 않고 청결도
유지되므로 더 할 나위 없이 좋지만, 이는 지나친 이상론이다. 똥을 발로 밟아서 벽
돌 꼴로 만든다는 내용도 의문이다. 삽이나 넉가래를 두고 발로 밟아야할 까닭이
무엇인가? 더구나 발로 밟아서 될 일도 아니지 않는가? 서유구 자신의 생각이
아니라, 중국의 서책에서 옮겨 적었기 때문이다. '똥을 밟아서' 운운한 대목은 박
지원이 중국의 관행을 적은 글에 보일 뿐만 아니라, 예운림의 고사를 끼워 넣은 것
도 이러한 추측을 불러일으킨다.

거위 털로 똥·오줌을 덮었다는 예운림의 본명은 예찬(倪瓚, 1301~1374)으
로, 원 나라 때 문인화가이다. 성격이 결벽해서 여러 가지 일화를 많이 남겼다.
앞의 이야기도 그 가운데 하나이다.

오줌 구덩이 내용은 훌륭하지만, 실제로 이렇게 만든 이가 몇이나 될까?

박지원(朴趾源, 1737~1805)도 『과농소초(課農小抄)』에 똥재간(糞屋)에 대
해 적었다.

농가에서는 반드시 똥재간을 지어야 한다. 처마를 낮추어 바람과 비를 막고 거름통도 마련한다. 땅을 파고 벽돌로 네 귀를 쌓아 올린다. 쓰레질에서 나오는 검불을 태워서 재를 만들고, 키질에서 나온 겨와 짚북데기, 가랑잎을 모아 태우고, 비액(肥液)을 뿌려 오래 동안 둔다. (중략)

농가에서는 부엌 근처에 구덩이를 깊이 파서 물이 새지 않도록 하고, 방아 찧을 때 나오는 겨, 썩은 풀, 가랑잎 따위를 넣고 구정물과 쌀뜨물을 부어 오래 두면 자연히 썩는다.

'비액'은 외양간에서 나오는 지지랑물을 가리킨다.

박제가(朴齊家, 1750~1805)는 1778년에 낸 『북학의(北學議)』에 뒷간 시설이 엉망이어서 오줌이 땅에 스며들어 우물물에 짠맛이 돈다고 개탄하였다.

오줌을 받는 그릇조차 없다.

혹 시골에서는 깨진 구유에 오줌을 받지만, 반만 담기고 나머지는 넘쳐흐른다. 서울에서는 오줌을 날마다 뜰이나 거리에 내다 버리므로, 우물물이 모두 짜지고, 다리 석축(石築) 가에 똥이 더덕더덕 말라붙어서 큰 장마가 아니면 씻기지 않는다(『進北學議』糞五則).

오줌을 길에 버린 탓에 우물물이 짠 것은 중국의 사정과 같다. 다리 석축에 똥이 말라붙은 것은 개천 등에 몰래 버린 사람이 적지 않았던 까닭이다. 그는 같은 책에 "성안의 분뇨를 다 거두지 못해서, 더러운 냄새가 길에 가득하다"고 적고(外篇 糞), "수채의 물이 흐르지 않아 뒷간에 항상 물이 넘친다"는 탄식도 남겼다(內篇 宮室). 뒤에 드는 대로, 궁궐의 뒷간도 적은 비에 넘쳐 났으니, 여염의 것이야 더 말할 여지가 없었던 셈이다.

이러한 사정은 19세기말에 이르러서도 달라지지 않았다. 우리나라에 온 외국인이 남긴 서울 거리 풍경 묘사에 잘 나타나 있다. 1893년 미국인 모스(Edward S. Morse, 1838~1925)는 '동양의 뒷간'이라는 글에서 "한국인 친구를 통해 뒷간이 중국과 닮은 사실을 알았다"고 하였다(1893;172). 더럽고 지저분하고 비위생적이라는 뜻이다. 그의 친구는 유길준(俞吉濬, 1856~1914)인 듯하다. 1884년 외교사절단으로 미국에 갔다가 최초의 국비유학생이 된 유길준은, 메사추세츠주 보스턴 근처의 세일럼(Salem)시 피바디 에섹스(Peabody Essex) 박물관장인 모스의 개인 지도를 받아 근처의 더머아카데미에서 공부하였다. 그는 이보다 앞서 1881년 일본에 유학하였을 때, 처음으로 일본에 다윈(C. Darwin)의 진화론을 소개한 모스를 만났다. 유길준은 자신의 유품을 박물관에 기증하였고, 모스도 우리 유물을 열심히 보태서 소장품이 2500여 점에 이른다. 모스가 일본에서 받은 김옥균·서광범·탁정식의 명함도 있다. 2001년에는 유길준 전시실이 마련되었다. 한국인 이름의 전시실이 외국 박물관에 생긴 첫 보기이다. 규모 250입방미터에 전시물은 70여 점이다.

한편, 모스는 칼스(W. R. Carles)의 다음 글을 인용하였다.

서울 시내를 꿰뚫어 흐르는 작은 내 위의 다리를 건널 때, 우리는 많은 아낙네들이 옷을 빨면서 방망이로 두드리는 모습을 보았다. 물이 느리게 흐르는데다가 바닥에는 똥 무더기가 쌓여 있다. 이 물을 길어다가 집에서도 쓴다. 다른 곳 사정도 마찬가지이다. 위생 관념이 이 정도인 서울 시민이 생존해 있는 사실은 놀라울 정도이다(칼스, 1888;29~30).

이는 청계천 광경이다. 1950년대 초까지도 서울의 여러 개천에서 빨래를 하였다. 특히 비가 내린 뒤에는 개천 바닥이 환히 들여다보이도록 맑은 물이 흘러 내린 덕분이다. 내가 살던 서대문구 옥천동(玉川洞)의 개천에서도 머리에 수건을 쓴, 흰옷의 아낙네들이 하얗게 앉아서 옷가지를 빨았다. 이를 위해 개천 바닥에 돌을 박아 놓았다. 우리 동네보다 상류에 위치한 영천동(靈泉洞)에서는 이 물을 길어다가 허드레 물로도 썼다.

다음 글도 비슷한 시기의 청계천 풍경이다(G. W. Gilmore).

도시 전체에 걸쳐 그 중심부에 개천이 있다. 가장자리에 둑을 쌓고 너비 2~25 피트로 넓혔다. 하수구 깊이는 아직도 4피트 정도이며, 모래와 오물이 섞인 진흙

사진 18 오줌독
독 안의 벽에 허옇게 긴 것이 오줌버캐이다. 오줌독은 흔히
땅에 깊숙하게 묻지만, 이것은 어른이 서서 누기 알맞은 높이
로 박아놓았다.

이 바닥에 깔려 있다. 이 작은 수로를 통해서 도시의 모든 하수와 오물들이 장마철
에 휩쓸려 내려간다(길모어, 1892;41).

　개천 바닥에 쌓인 쓰레기와 똥이 장마철에나 흘려내려 간다는 것이다. 당시
서울 각 가정에서 도랑에 버린 똥이 청계천 바닥에 쌓인 것이다. 비숍(Bishop,
Isabella. B.) 여사도 비슷한 내용을 적었다.

　나는 북경을 보기 전까지 서울이 세상에서 가장 더러운 도시가 아닐까 생각하
였다. 또 소흥(紹興)의 냄새를 맡기 전까지 서울을 세상에서 가장 냄새나는 도시
로 여겼다. 거대 도시이자 수도로서의 위엄을 생각할 때, 그 불결함은 형용할 수 없
을 정도로 심각하다. (중략)
　그것도 퀴퀴한 물웅덩이와 초록색 점액질의 걸쭉한 것들이 고인 수채 도랑 때
문에 (길은) 더 좁다. 이 도랑들은 각 집에서 버리는, 마르고 젖은 여러 가지 쓰레
기로 가득하다. 더럽고 악취 나는 수채 도랑은 때가 꼬질꼬질한 벌거숭이 어린아
이들, 수채의 걸쭉한 점액 속에서 뒹굴다 나온 크고 옴이 오른, 눈이 흐릿한 개들
의 즐거운 놀이 터 구실을 한다(비숍, 1898;52~53).

　서울이 북경이나 관광지로 널리 알려진 절강성 소흥보다 낫다고 하였지만, 칭
찬이 아닌 사실에 주의할 필요가 있다. '초록색 점액질의 걸쭉한 것들'은 바로 똥

사진 19 서울 청계천변에서 빨래하는 아낙네들
바닥에는 옷가지를 빨기 좋도록 돌을 박아 놓았다. 박태원은 주로 이곳의 풍속을 바탕으로 '천변풍경' 이라는 썩 좋은 소설을 발표하였다. 그만큼 이곳에서 피어나는 이야기 거리가 많았던 것이다. 1950년대 초까지도 서울의 개천 곳곳에서 옷가지를 빨았다.

이다. 1882년에 김옥균(金玉均, 1851~1894)은 도로 정비에 관련된 여러 문제를 정리한 『치도약론(治道略論)』을 냈다. 오물 처리법을 비롯하여 치도국(治道局) 설치, 기술자 양성, 필요한 기계 구입, 감독 및 순검(巡檢) 설치, 인력거와 마력거(馬力車) 운행, 나무시장 개장 따위의 17개 항목이 들어 있었다. 이듬해 초부터 순검들이 사람의 똥·오줌은 물론, 말똥과 쇠똥을 거리에 버리는 것을 막았고, 어기는 자는 감옥에 넣었다. 그리고 똥·오줌은 매달 말 교외로 날랐다. 그러나 개화파 몰락과 함께 석 달 만에 폐지되고 말았다.

1896년부터 한성부에서 거리에 똥·오줌 버리는 행위를 단속하고, 청소부를 두어 쓰레기를 치웠다. 또 청계천 주변 주민들이 오물 투기를 감시하였지만, 20세기에 들어와서도 크게 달라지지 않았다. 고종의 시의(侍醫) 독일 의사 분쉬(Wunsch, R.)가 남긴 1905년 당시의 회고담이다.

조선의 비좁은 집에서 나오는 똥이나, 부엌에서 버리는 온갖 쓰레기는 길거리에 겨우내 쌓였다가 봄과 여름에 거름으로 쓰인다. 쓰레기 더미에서 가끔 풍기는 악취는 정말 참기 어렵다. 이러한 더러운 환경 때문에 장질부사나 다른 열병들, 천연두와 콜레라 따위가 자주 생겨서 참혹한 결과를 낳는다(김영자, 1997;171).

3. 여러 곳의 뒷간

사진 20 너와집의 외양간과 뒷간(오른쪽 끝)
널쪽을 처마에 기대 세워서 벽으로 삼았다.

사진 21 너와집 뒷간
외양간 벽에 붙였으며 문을 달지 않았다.

▶ 강원도

사진 20은 주로 강원도 산간지대의 너와집이고, 사진 21은 외양간 옆에 붙인 뒷간이다. 몸채 옆에 긴 널쪽을 되는대로 걸쳐서 벽으로 삼았다(삼척시). 사진 20·21처럼 뒷간을 흔히 몸채 옆에 붙이고 문은 달지 않는다. 남자 칸 앞쪽의 돌은 가리개 구실을 한다(사진 24). 이 지역 중상류 가옥에서는 몸채 옆에 붙인 뒷간 가운데에 널벽을 쳐서 둘로 나누고 앞쪽을 바깥뒷간, 뒤쪽을 안뒷간이라 부른다(사진 22, 그림 7). 뒷간은 집안에서 왼쪽의 널문을 통해 드나들며, 똥·오줌은 측면과 땅바닥 사이의 틈으로 퍼낸다. 오른쪽 아래에 널쪽으로 짠 거름통이 보인다(삼척시). 사진 25는 샛집으로, 몸채 측면 앞으로 뒷간을 붙여짓고 뒤쪽에 디딜방아를 놓았다. 앞은 터졌고 옆으로 널쪽을 세워 가렸다. 땅에 묻은 독 위에 서너 쪽의 널을 걸쳐놓았을 뿐이다(삼척시).

사진 26은 비탈에 세운 까닭에 똥·오줌을 따로 푸지 않고 가운데 구멍을 통해 끌어낸다(사진에서는 긴 널쪽 서너 개를 세워서 막았다). 외양간에 깔았던 짚이나 가랑잎 따위와 함께 버무렸다가 밭으로 내간다.

사진 27의 뒷간은 잡석(雜石)으로 낮은 벽을 쌓고, 기둥을 세운 다음 마룻대 양

쪽에 서까래를 걸었다. 형태는 청동기시대의 반 움집 그대로이다. 입구는 터놓았
다. 안쪽 뒤에 놓은 부춤돌을 딛고 일을 본 뒤에, 재를 긁어 덮어 똥재를 만들었다
가 거름으로 쓴다(삼척시).

　사진 28은 팔작 지붕에 외양간이 딸린 큰집의 뒷간이다. 뒷간은 허술하고 옹색하
다. 더구나 바람을 맞아 뒤로 자빠져서, 옆에 세운 각목으로 겨우 버티어 놓았다. 반쯤
가린 문짝 또한 비스듬히 달렸다(양양군).

　사진 29는 이름 그대로 몸채 뒤에 세운 뒷간이다. 눈이 많은 고장이라, 뒷벽을
낮추어서 지붕의 물매가 되다. 벽은 흙벽이고 지붕에 슬레이트를 얹었다. 함석으
로 막은 전면 벽 상부는 본디 터져 있었다(고성군). 똥항아리 가운데에 기름한
구멍을 낸 널쪽 두 개를 얹었다(사진 30). 똥·오줌을 풀 때 들어내기 쉽지만, 발
을 딛는 부분이 좁아서 똥을 누기 불편하다. 앞에 끼워 놓은 숫키와는 오줌 줄기가
내뻗치는 것을 막는다. 뒷벽이 한쪽으로 기울어지면서 흙이 무너져 내려서, 땅
바닥에 암키와 서너 장을 깔았다. 뒤지는 왼쪽 앞의 통에 따로 모은다. 이것이 섞
이면 똥·오줌이 잘 썩지 않아 거름으로 쓰기 어렵고, 밭 또한 지저분해지기 때문
이다(고성군).

　사진 31의 단지 옆에 세운 것은 똥넉가래이다. 오줌 위로 뜬 똥은 자연히 뭉치

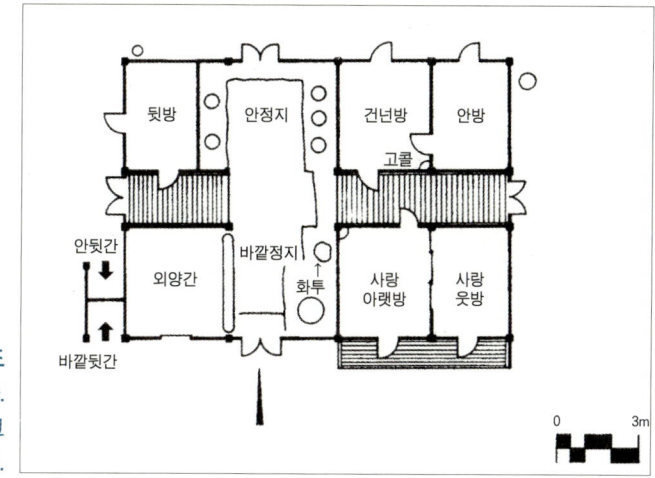

므로, 퍼낼 때에는 이것으로 서너 번 휘저어서 풀어주어야 한다. 넉가래는 겨울
에 눈을 치우는 데에도 요긴하다. 오줌 단지도 보인다(고성군). 사진 32는 큰 뒷간
의 내부 모습이다. 너른 확에 동굴이 나무를 건너지르고 쪽널을 나란히 놓았다. 똥
·오줌을 모으는 데에는 도움이 되지만, 허술하기 짝이 없다(고성군).

사진 33은 시멘트로 지은 근대식 뒷간이다. 바닥에 크고 넓은 확을 만들고 구
멍 위로 두툼한 쪽나무 두 개를 얹었다. 똥·오줌을 퍼낼 때의 편의를 위해 구멍을
넓게 마련하였다. 앞에 오줌 줄기를 막으려고, 가운데 살을 발라낸 나무토막을 비
스듬히 세웠다. 그럴듯한 착상이다. 통나무의 앞쪽은 깊게, 뒤쪽은 얕게 파서 물
매를 지은 것도 그렇거니와, 자연히 난 가지 두 쪽을 받침으로 삼은 점은 더욱 돋보
인다. 그러나 이것은 앉아서 똥을 눌 때만 유효하다. 조심성 없는 남자들이 서서 오
줌을 누면, 좌우 양쪽으로 흘리기 쉽다. 벌써 질편하게 젖었다. 왼쪽 구석에 비를,
오른쪽에 뚜껑을 갖추었다. 군용 전선으로 짠 뒤지 망태기도 볼거리이다(고성군).

사진 34는 시멘트 확 위에 열쇠 구멍 꼴로 뚫은 나무 두 쪽을 얹었다. 앞으로 낸
좁고 긴 구멍은 오줌 줄기를 받기 위한 것으로, 서서 오줌을 눌 때에도 도움이 될 것
이다. 우리 농가에서는 뒷간의 일부를 농기구를 보관하는 헛간으로도 이용한다. 이
뒷간에도 거름단지와 바람개비 따위가 있다. 거름단지는 똥·오줌을 퍼 담아 나르

사진 23 여자 칸
말뜻 그대로 깨끗하고 반듯하게 쓴 현판으로, 몸과 마음이 저절로 여미어질 듯 하다.

사진 24 남자 칸

사진 25 샛집
산간지대에서는 너와나 굴피 외에 겨릅대나 야생의 새를 베어 지붕을 덮기도 하였다. 새는 두텁게 덮어야 눈·비를 가리지만 워낙 귀해서 이 집에서는 산자위에 천막을 깔고 얇게 얹었다.

사진 26 비탈에 지은 뒷간

뒷간을 비탈에 세운 덕분에 똥·오줌을 따로 쳐내지 않아도 소스랑 따위로 끌어내어 외양간에서 내온 두엄(오른쪽)에 버무리
면 좋은 거름이 된다. 강원도 산간지대의 전형적인 뒷간이다.

사진 27 삼척시의 뒷간

청동기시대의 반움집을 연
상시킨다. 한쪽을 뒷간으로
쓰려고 자리를 너르게 잡
았으며 앞은 터 놓았다.

사진 28 농가의 뒷간

청동기시대의 반움집을 연
상시킨다. 한쪽을 뒷간으로
쓰려고 자리를 너르게 잡
았으며 앞은 터 놓았다.

사진 29 몸채 뒤의 뒷간

강원도에서는 보기 드문 격조 높고 호화스런(?)뒷간이다. 오른쪽은 헛간으로도 쓴다.

사진 30 뒷간 안 모습

사진 31 똥 넉가래와 오줌단지

사진 32 너른 시멘트 확

사진 33 뒷간 안 모습

사진 34 뒷간 안 모습

사진 35 굴피지붕 뒷간

오른쪽에 말린 굴피를 재 놓았다.

사진 36 고성군 왕곡면 오봉리의 뒷간
민속마을로 지정된 고성군 왕곡면 오봉리의 한 칸 규모의 뒷간이다. 단아하면서도 앙증맞은 느낌을 준다.

사진 37 고성군 왕곡면 어명기 집의 뒷간과 뒷간 내부
강원도에서는 보기 드문 격조 높고 호화스런(?)뒷간이다. 오른쪽은 헛간으로도 쓴다

거나, 장군의 거름을 딸아서 들고 다니며 밭에 질금 질금 주는 데에 쓴다. 곡식에 섞인 먼지나 쭉정이를 날릴 때 쓰는 바람개비와 쇠로 만든 써레 발도 보인다(고성군).

사진 35는 굴피를 덮은 뒷간이다. 볏짚이 귀한 강원도 산간지대에서는 굴참나무 껍질을 벗겨 말렸다가 지붕에 덮는다.

사진 36·37은 민속마을로 지정된 고성군 왕곡면 오봉리의 한 칸 규모의 뒷간이다. 단아하면서도 앙증맞은 느낌을 준다. 사진 37은 중요 민속자료 131호로 지정된 고성군 왕곡면 어명기 가옥의 뒷간이다. 강원도에서 보기드문 격조높고 호화스런 뒷간이다.

사진 38 거적 뒷간

짚 날개를 세워서 벽으로 삼았으며 규모에 비해 확은 큰 편이다. 그 앞에 놓인 세 발 달린 나무틀은 맷돌 받침이다. 가을 끝인데다가 해 저무는 무렵이어서 멍석위에 널린 고추가 을시년스럽다.

▶ 경기도

사진 38은 크고 둥근 시멘트 확의 일부를 밖으로 빼놓아서, 똥·오줌을 퍼내기 쉽다. 거적을 둘러 벽으로 대신한 것은 이 때문이다. 그럴 듯한 착상이다(화성시).

사진 39는 잡석을 네모로 두르고 한쪽을 틔워 놓았을 뿐, 지붕도 문도 없다. 안에도 부춛돌 두 개만 보일 뿐이다. 똥을 누고 나서 한쪽에 쌓인 재를 삽으로 떠서 덮고, 두어 번 굴린 다음 옆에 밀어 놓는다. 이것이 똥재이다(강화도). 사진 40은 청동기 시대의 반 움집을 연상시킨다. 신석기시대의 원뿔 꼴 움집은 청동

기로 접어들면서 평면이 긴 네모꼴로 바뀌었으며, 이로써 지붕과 벽이 분화되어
내부가 훨씬 넓어졌다. 청동기시대의 움집이 뒷간 형태로 이어 내려온 것은 흥미
로운 일이다. 비록 축대를 한쪽 벽으로 이용하였지만, 용마름을 얹어서 격식을
갖추었다. 문을 달지 않고 터놓았다(강화도).

사진 41은 잡석과 흙을 한 켜씩 번갈아 가며 쌓아 올린 죽담 위에, 둥근 볏짚 지
붕을 얹었다. 농가 뒷간의 전형적인 모습이다. 문얼굴을 세웠음에도 정작 문은
달지 않았다. 아래 좌우 양쪽으로 호박꽃이 수줍은 듯 피어났다. 지붕의 물매가 워
낙 되어 덩굴을 올리지 못하였을 것이다. 사진 42는 팽이를 엎어놓은 듯한 특이한
형태의 뒷간이다. 함석 문도 돋보이거니와, 한옆으로 기어오른 호박 덩굴도 볼거
리이다. 똥·오줌은 그때그때 재에 버무려 놓으므로 냄새는 거의 없다(강화도).

사진 43은 뒷간 지붕 위의 박 모습이다. 우리 옛 분네들은 이처럼 뒤간 지붕을
텃밭으로도 썼다. 박도 박이지만 이것을 매단 덩굴 또한 뒷간이 지닌 어두운 이
미지를 덜어 준다(고양시). 사진 44는 대문 옆에 묻은 오줌독이다. 익는 순서대
로 밭에 주려고 셋을 묻었다. 오른쪽의 단지는 오줌단지이다. ㄱ 자 꼴로 둘러친
반 가리개도 그럴 듯하다(덕적도). 사진 45는 똥재이다. 왼쪽으로 오줌독이 보인
다. 사진 46은 시멘트 확 위에 걸쳐놓은 널 틀이다(강화도).

사진 40 반 움꼴 뒷간
집 벽에 붙여서 마련한 까닭에 옹색하기 그지없다.

사진 41 우산 꼴 뒷간
문 얼굴을 세웠지만, 정작 문은 달지 않았다.

사진 47은 덕적도에서 손꼽히는 부자 집 뒷간임에도 지붕이 없다. 형태와 구조도 앞에서 든 강화도의 것 그대로이며, 엉성한 쪽 널문을 달아놓은 것만 다르다. 농가에서는 똥·오줌을 퍼 나르는 수고를 줄이려고, 뒷간을 밭가에 세우기도 한다(사진 48). 기둥을 세우고 삼면을 널쪽으로 가렸으며, 바닥에 큰 독을 묻었다. 지붕이라고 널쪽을 얹었지만, 큰비에는 제 구실을 못할 것이다.

덕적도에는 지금까지 내가 써 본 가장 그럴듯한 뒷간이 있다. 북리(北里) 여인숙의 바다 위 뒷간이다. 집이 워낙 좁아서 바다 쪽에 내어 박은 기둥 위에 세웠다. 썰물이면 똥이 갯벌로 철썩철썩 내려앉지만, 들물 때는 바로 바다 물속으로 사라진다. 이 뒷간에서 처음 일을 본 것은 1968년 여름이었다. 15년 뒤인 1983년에 다시 찾았을 때도 그 모습 그대로 그 자리에 있었다. 아마 지금도 바뀌지 않았을 것이다.

사진 49는 긴 작대기를 듬성듬성 박고 수수깡 울을 둘러쳤다. 지붕은 없다. 왼쪽의 삽을 들고 들어가서 한 옆에 쌓인 재로 똥을 버무린다(대부도).

사진 50은 드나드는 사람의 모습이 환히 보일 만큼 엉성하다. 안에는 부춛돌만 덩그렇게 놓였다. 그나마 높이도 달라서(사진 51), 여간한 재주가 아니고는 이 위에 쪼그려 앉기 어려울 것이다. 뒤에 재를 쌓았다(대부도). 사진 52은 짚 울을 두

사진 42 팽이 꼴 뒷간
박 덩굴이 지붕 꼭대기에 이르렀다. 이러한 뒷간은 문 외에 환기구가 없는 것이 흠이다.

사진 43 뒷간 지붕 위의 박
우리 옛분네들은 뒷간 지붕도 텃밭으로 이용하는 슬기를 부렸다.

사진 44 오줌독
대문 옆에 묻은 오줌독과 오줌을 나르는 항아리(오른쪽)

사진 45
똥재와 오줌독(오른쪽)

사진 46 앉는 틀

사진 47 지붕 없는 뒷간
사진 48 밭가에 세운 뒷간

사진 49 허술한 뒷간
주위에 엉성한 울을 둘러 세웠을 뿐이다.

사진 50 앞 뒷간의 부출돌
똥을 누고 나서 재로 덮는다.

사진 51 짚 울 뒷간

사진 52 엉성한 뒷간　　　　　사진 53 앞 뒷간의 틀

른 뒷간이다. 입구는 터졌다. 왼쪽은 포도밭이다(대부도). 사진 52·사진 53도 허술하기는 마찬가지이다. 전면과 측면에만, 그것도 함석 한 장씩만 붙여서 가리나 마나한 상태이고 지붕도 없다. 시멘트 확 위에 짧은 다리가 달린 널 틀을 올려놓았다. 다리 또한 약해서 이제라도 한쪽으로 씰그러질 듯하다(대부도).

　　앞의 섬들 외에 장봉도와 영종도를 포함하는 경기 도서 지역에는 지붕 없는 뒷간이 적지 않다. 임자도와 안좌도를 비롯한 전라남도 도서지역도 마찬가지이다. 뒤에 설명하듯이 제주도처럼 뒷간에서 돼지를 키우는 중국 산동성 가옥의 뒷간에도 지붕이 없다. 이것이 우리에게 영향을 끼쳤을 가능성을 생각할 수 있다.

▶ 충청도

　　사진 54는 제대로 지은 흙벽돌 뒷간 겸 헛간이다. 비료를 쌓아둔 헛간이 좁은 것은, 나머지 공간을 뒷간과 잿간으로 쓰려고 너르게 잡은 탓이다. 옆과 뒤로 키 큰 나무들이 둘러서 있다(예산군). 사진 55는 제원군의 청풍 문화재단지에 옮겨놓은 상류가옥의 뒷간(오른쪽)과 헛간이다. 여유가 있는 집에서는 흔히 이처럼 헛간

사진 54 흙벽돌 뒷간
비록 흙벽돌로 쌓은 뒷간이지만, 지붕이 어엿하고 무엇보
다 나무가 둘러서 있어, 뒷간 자리로는 더 바랄 것이 없다.

과 뒷간을 한 건물에 둔다. 써래·톱·바구니·도래방석 따위를 줄줄이 걸어 놓았다.
새벽질을 한 벽도 돋보인다.

사진 56은 잡석의 축대 위에 세운 다락 뒷간의 뒷모습이다. 똥·오줌은 아래쪽
에 비스듬히 붙인 널을 타고 흘러 떨어지므로 따로 퍼낼 필요가 없다. 강원도 산간
지대에서도 자주 눈에 띈다(청원군).

지붕을 날개로 덮은 사진 57은 움을 연상시킨다. 지붕에 물매를 두기는 하였
지만, 많은 비가 내리면 샐 듯 하다. 처마에 달았던 가리개가 떨어져 나갔음에도 그
대로 두어서 앞이 환히 터졌다(예산군).

사진 58은 당진군의 상류가옥 뒷간이다. 지붕에 기와를 얹고 오른쪽 벽 중간
에 살창을 내었다. 중인방과 상인방 사이도 터놓았다. 내부 한쪽에 높이 50센티
미터의 쪽마루를 깔고, 앞에 널 가리개를 붙였다. 뒷간 옆으로 다섯 개의 독을 ㄱ
자 꼴로 묻었다(사진 59). 익는 순서에 따라 거름으로 쓰기 위해서이다.

사진 60·61은 아산시 외암리 이씨네 사랑채 오줌독이다. 작은 사랑방과 대문
채를 잇는 담 밑에 묻은 까닭에, 댓돌을 딛고 내려와 몸을 돌리면 바로 오줌을 눌
수 있다. 이 같은 오줌독은 상류가옥 사랑채에 흔하다. 사진 62는 해미 읍성 안의
한데뒷간이다. 우리나라에서 가장 아름다운 탱자 울 뒷간이다.

사진 56 다락 뒷간

몸채는 허술하지만 다락으로 짓고 아래에 드나드는 문까지 달았다. 똥·오줌을 퍼내기 십상이다.

사진 55 상류가옥의 뒷간
깔끔하면서도 의젓한 모습이다. 왼쪽 벽 아래에 똥·오줌을 나르는 오줌 장군이 놓였다. 그리고 오른쪽 벽에 걸린 것은 곡식을
갈무리하는 대형 떡동구미이다.

사진 57 움막꼴 뒷간
움막처럼 벽은 물론이고 지붕도 짚으
로 가리고 덮었다.

사진 58 상류가옥의 양기와 뒷간
오른쪽 살창을 통해 똥을 누면서도 바깥 풍광을 즐길 수 있다.

사진 59 묻어 놓은 독
다섯 개나 되는 독을 ㄱ자 꼴로 묻었다. 익는 차례대로 밭으로
내가기 위해서이다. 거름을 모으려는 정성이 이만저만 아니다.

사진 60·61 오줌독 위치
방에서 댓돌을 딛고 내려와 왼쪽으로 돌면 바로 왼쪽의 오줌
독에 오줌을 눌 수 있다.

사진 62 해미읍성의 탱자 울을 둘러 꾸민 한데뒷간
2002년 6월 말에 다시 찾았을 때는 아름다운 탱자 울이 사라지고 없었다.

사진 63 원뿔 뒷간
신석기시대의 원뿔꼴 움집 지붕 그대로이다. 눈부신 현대문명의 한쪽에, 수 천년 전의 그림자가 아직도 드리워 있는 것은 놀랍다.

▶ 경상북도

　사진 63의 외형은 신석기시대 움집 그대로이다. 굵은 나무 서너 개를 원뿔꼴로, 위는 모아 묶고 아래는 적당히 벌려 세운 뒤에 짚을 둘러쳤으며, 비가 새지 않도록 주저리를 씌웠다. 땅에 묻은 독 위로 널 틀을 올려놓았다. 문은 널쪽 서너 개로 시늉을 냈을 뿐이다. 오른쪽의 거름단지는 흔히 지게에 얹어 옮기지만, 여인네들이 머리에 여 나르기도 한다. 거름 운반의 편의를 위해 문밖에 두었다(경주시). 사진 64는 경기도 강화군의 뒷간(사진 40)처럼, 여러 개의 나무를 긴 세모꼴로 엮은 위에, 들보를 걸고 짚으로 덮었다. 외형은 청동기시대의 집 그대로이다. 앞은 터졌다(경주시). 오늘날의 김치 광을 닮은 것도 있다(사진 65). 사람이 들어갈 때는 입구 왼쪽에 말아둔 짚을 풀어서 가린다(경주시). 옛적에는 사진 66처럼 흔히 거적문을 달았다. 가운데 구멍은 통풍을 위한 것이다(상주시). 사진 67은 의성군 단촌면 김씨네 바깥뒷간이다. 근검절약 하는 모습을 남에게 보이려고 지붕에 볏짚을 덮었다. 널벽에 문을 달지 않고 한쪽을 터놓았다. 안동시 풍천면 하회의 북촌 댁 바깥뒷간도 대문밖에 있다(사진 68).

　조선시대 상류가옥에는 여성 전용의 안뒷간과, 남정네의 바깥뒷간이 따로 있었

사진 64 세모 뒷간
청동기시대의 반움집을 연상시킨다.

사진 65 원뿔 뒷간
사람이 들어갈 때에는 왼쪽에 묶어
놓은 날개를 풀어서 가린다.

사진 66 거적문
가운데에 구멍을 내어서 환
광에 도움을 받는다.

다. 이른바 남녀유별의 덕목에 따라, 여성 거주 공간인 안채와 남성 거주 공간인 사랑채를 따로 세우고, 그 사이에 담을 치고 문을 달아서 막은 까닭이다. 흔히 디딜방아간이나 헛간 한쪽에 위치한 안뒷간은 부엌을 통해 드나든다. 바깥뒷간은 행랑채 한쪽에 붙이거나 이와 별도로 사랑 마당 한쪽 후미진 곳에 세운다. 심지어 대문 바깥에 둔 집도 드물지 않다. 이밖에 위아래를 엄격하게 구분하려고 '아래것들(노비나 하인)'의 뒷간을 안팎에 따로 둔 집도 있다.

사진 69는 경주시 강동면 양동리 손동만 씨네 대문(오른쪽)과 바깥뒷간(나무 뒤로 보이는)이다. 상류가옥에서 바깥뒷간을 대문밖에 세운 좋은 보기이다(사진 70). 뒷벽은 죽담으로 쌓고 기와를 덮었으며, 냄새를 빼려고 중인방과 상인방 사이를 터놓았다. 뒷간을 문밖에 두는 것은 집이 좁은 탓도 있지만, 될수록 멀리 두려는 생각 때문이다. 주인은 깊은 밤중이나, 비바람이 내리치는 때 등에는 요강을 썼다. 사진 71은 디딜방아간 옆(오른쪽)의 안뒷간이다. 왼쪽 건물이 안채이고 오른쪽의 짚을 덮은 건물이 디딜방아간이다. 뒷간은 오른쪽(서쪽)에 붙였다. 본디 입구를 터놓았으나, 근래 외짝 널문을 달았다. 안채에서 부엌을 통해서 드나들었던 만큼, 불편이 적지 않았다. 사진 66을 보면 안뒷간과 바깥뒷간의 위치를 더 잘 알 수 있다.

사진 67 상류가옥의 바깥뒷간
'검약정신'을 보이려고 짚을 덮었다.

　사진 72는 영천시 상류가옥인 정씨네 안뒷간이다. 처마 밑에 세운 것도 그렇거니와 밖에서도 훤히 보인다. 여간 민망스런 일이 아니다.

　사진 73은 하회 병산서원(屛山書院)의 한데뒷간이다. 동그랗게 죽담을 두르고 용마름까지 짜 얹었다. 싸리문도 볼거리의 하나이다. 한 번 들어가 보고 싶은 충동이 이는 앙증맞기 짝이 없는 뒷간이다. 더구나 저 뒤로 낙동강이 흐른다. 지붕이 없기는 하지만, 가장 빼어난 뒷간 가운데 하나이다.

　사진 74는 대문 쪽담 일부를 ㄷ자 꼴로 돌리고, 안쪽에 뒷간을 마련하였다. 지붕도 문도 없으며, 오줌 줄기를 막으려고 돌 한 개를 놓았을 뿐이다. 여간 대범하거나 무심하지 않으면 일을 보기 어려울 것이다(안동시).

　사진 75는 경주시 교동의 최씨네 바깥뒷간 벽이다. 부자로 널리 알려졌던 집답게 대문 왼쪽으로 ㄱ자 꼴로 담을 쌓고 기와를 덮은 위에 용마루까지 올렸다. 뒷간은 널벽을 치고 칸을 나누었다(사진 76). 한쪽은 주인네가, 다른 쪽은 아래 사람들이 썼을 것이다. 문을 달았던 자취가 남았으나, 내부 구조로 미루어 뒤에 붙인 듯 하다.

　다음은 울릉도 나리분지의 옛 뒷간이다.

사진 68　대문 밖에 세운 바깥 뒷간(솟을대문 오른쪽 초가집)
앞의 손씨네처럼 이 집에서도 뒷간을 대문 밖에 마련하였다. 어두운 때에는 등불을 든 하인을 앞세우고 드나들었다.

사진 69
손씨네 뒷간 위치

안뒷간 →

↑
바깥뒷간

사진 70　대문 밖에 세운 바깥뒷간

사진 71　방앗간 뒤에 붙인 안뒷간(오른쪽 끝)

사진 72 앞을 터놓은 안뒷간

평면도 150

그림 8 평면도로 본
정씨네 집 안뒷간 위치(↓)

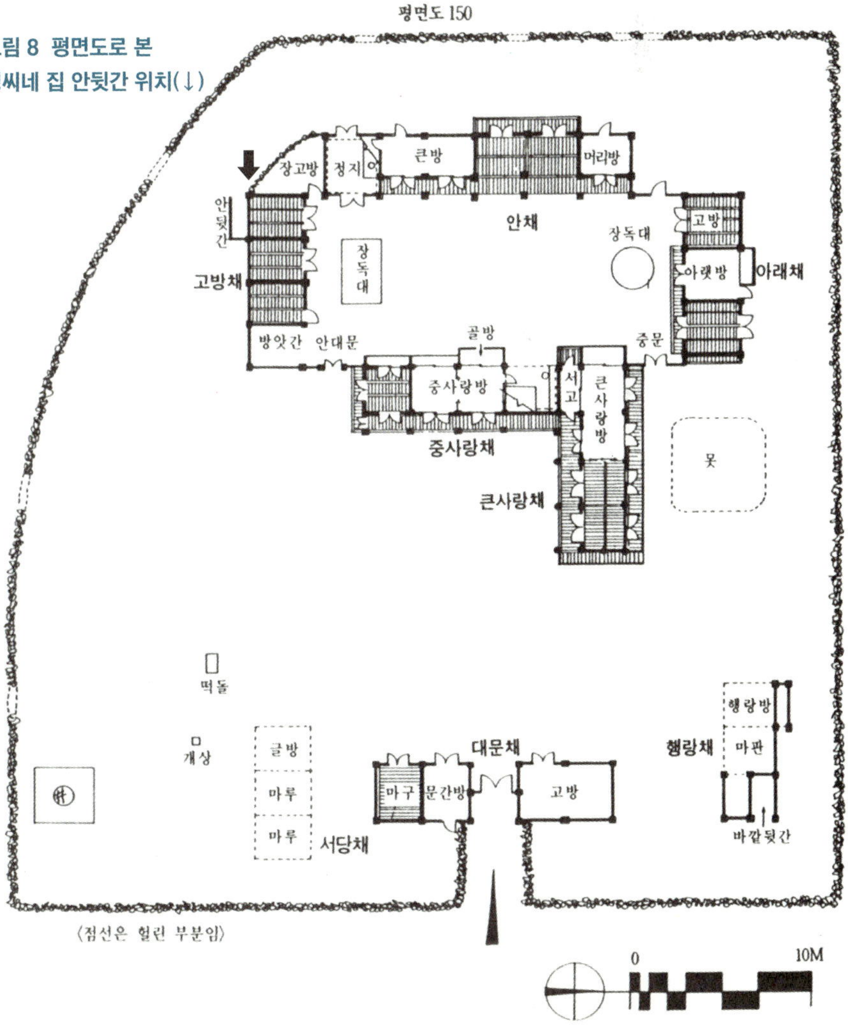

안채

장고방 정지 큰방 머리방

안뒷간 고방채 방앗간 안대문 장독대 골방 중사랑방 중사랑채 큰사랑채 서고 큰사랑방 중문 아랫방 고방 아래채

장독대

못

떡돌

개상 글방 마루 마루 서당채

대문채 마구 문간방 고방

행랑방 행랑채 마판

바깥뒷간

〈점선은 헐린 부분임〉

0   10M

61

사진 73 병산서원의 한데뒷간

우리네 뒷간 가운데 가장 아름다운 뒷간이다. 문을 싸리발로 대신한 재치 또한 그럴 듯 하다. 저 건너로 흐르는 물줄기는 낙동강이다.

사진 74 상류 가옥의 문도 지붕도 없는 뒷간.

사진 75 경주 최씨네 바깥 뒷간담

사진 76 경주 최씨네 바깥 뒷간

사진 77·78 세모꼴 뒷간(위)와 새를 덮은 뒷간

사진 79 앞 뒷간 바닥에 깔아놓은 널

사진 77의 뒷간은 청동기시대의 집처럼 긴 작대기 여러 개를 엇비슷하게 조붓이 세우고 들보를 건 다음, 짚으로 덮었다. 앞은 터놓고 뒤는 막았다. 사진 78은 통나무로 네모꼴의 틀을 짜고 짚으로 둘러막았다. 입구에 대나무 발을 늘어뜨리고 지붕에 새를 덮었다. 시멘트 확 위에 긴 널판을 건너질렀다(사진 79).

▶ 경상남도

함양군 지곡면 개평리 정씨네 바깥뒷간 구조는 특이하다. 전면과 측면이 모두 한 칸임에도 앞 뒤 반으로 나누고, 안에 벽까지 쳐놓았으며 문도 따로 달았다. 한 건물에 뒷간 둘을 들인 것이다. 앞쪽은 주인용이고(사진 80), 뒤쪽은 아래 사람들이 썼다(사진 81). 상하 계층의식이 뚜렷하게 드러난 뒷간이다. 전라남도 영광군 영광읍의 조씨네도 안뒷간을 둘 세우고 위아래 사람들이 따로 썼다. 사진 82는 사랑채 중문 곁에 둔 소변소이다. 마루높이에 맞도록 삼면에 널벽을 두르고 아래에 오줌 구유를 놓았다(사진 83). 앞쪽의 모난 구멍으로 오줌을 퍼낸다. 오줌받이로 독이나 항아리를 쓰지 않고, 구유를 놓은 것이 눈을 끈다. 농가

사진 80 바깥뒷간
사방 한 칸의 뒷간을 앞뒤로 나누고 주인과 아래 사람들이 따로 썼다. 우리 뒷간 가운데 유일한 보기이다. 주인네는 앞쪽으로 드나들었다.

사진 81 사진 80의 아래사람칸

에서 흔히 구유를 장만할 때, 터지는 것을 막으려고 한동안 오줌받이로 쓰기도 한다.

　사진 84는 정자 한쪽에 마련한 간이 소변소이다. 아무리 뒷간이 떨어져 있기로서니, 풍월을 즐기는 정자에 이 같은 시설을 한 것은 격에 어울리지 않는다.

　사진 85는 경상북도 청도군 금천면 신지동의 운강고택(雲岡故宅) 안뒷간이다. 곳간채 옆 처마에 기둥을 세우고 중인방과 하인방 사이의 옆과 뒤에 널벽을 쳤다. 벽의 상부는 터졌고, 아랫도리에 시멘트벽을 쌓았으나 측면 가운데에 똥·오줌을 퍼내는 구멍을 내었다. 안뒷간에 사닥다리를 놓은 것은 이 집뿐이다. 두 쪽의 널을 짜 맞춘 바닥 구멍은 여음(女陰)을 연상시킨다(사진 86·사진 87). 충청남도 개심사의 것과 매우 닮았다. 가운데가 너르면 어른이라도 앉기 불편하고 어린아이는 빠지기 쉬운 법이거늘, 구멍을 이렇게 마련한 까닭이 무엇인지 궁금하다. 바깥뒷간은 대문 옆 헛간채 뒤에 있다(사진 88). 도리와 서까래에서부터 널벽과 망와에

사진 83 정씨네 소변소
마루 앞을 가리고 아래에 구유를 놓았다.

사진 84
정자의 소변소

사진 85 운강고택의 안뒷간으로 오르는 층계

사진 86 앞 뒷간의 내부

사진 87 여음(女陰)꼴 구멍

67

사진 88·89 바깥뒷간과 그 내부
내부는 소변소와 대변소를 따로 두었다.

사진 90 농가의 뒷간

사진 90 농가의 뒷간

이르기까지 조그만 빈틈이 없이 잘 짜였다. 앞은 헛간이고 뒷간은 뒤에 붙였다. 뒷
간 내부를 오줌칸과 똥칸으로 나눈 것도 특징의 하나이다(사진 89).

　사진 90은 남해군의 농가 뒷간이다. 막돌로 엉성하게 쌓은 뒤, 짚으로 덮고 거
적으로 가렸다. 몸채 곁 길가 쪽에 붙여지은 데다가, 앞이 터져서 사람이 들고나는
것은 말 할 것도 없고 앉은 모습도 환히 드러난다. 사진 91은 죽담에 볏짚을 덮
었으며, 한쪽을 헐어서 입구로 삼았다. 똥바가지와 똥통이 놓였다.

사진 92 원뿔 지붕 뒷간
입구 주위에 오줌을 받기 위한 오줌독을 묻었다.

▶ 전라북도

사진 92는 막돌로 벽을 쌓고 우산 꼴의 볏짚 지붕을 얹었다. 한쪽을 터서 입구
로 삼고, 문은 비료부대로 대신하였다. 입구 왼쪽에 오줌독 두 개를 묻었다(익산
시). 사진 93은 위로 가면서 좁게 얽은 벽에 짚을 덮은 세모꼴뒷간이다. 앞은 터
졌다(고창군). 사진 94의 오른쪽은 외양간이고 왼쪽이 뒷간이다. 높은 기둥을 세
우고, 뒷간과 외양간 천장과 지붕 사이에 여러 가지 농기구를 갈무리하는 등, 반 헛
간처럼 이용한다(정읍시). 사진 95는 상류가옥의 헛간을 겸한 바깥뒷간이다. 건물
측면에 붙인 뒷간 앞을 모두 트고 칸을 나누어서, 위아래 사람이 따로 쓴다. 앞이
터졌음에도 사이에 낮은 흙벽을 쳤다. 매우 특이한 구조이다(김제시). 사진 96은
장수군의 농가 뒷간이다. 사진 97은 조촐하면서도 의젓한 농가의 전형적인 뒷간
이다. 전면 반 칸에 널문을 달았다.

전라북도 정읍시 산외면 오공리 김동수씨네 바깥뒷간은 고졸한 품격을 지닌 상
류가옥의 전형적인 뒷간이다(사진 98). 지붕에 기와를 얹었으며, 문을 따로 달지
않고 북벽 한쪽을 터놓았다. 똥누는 데를 동쪽에 마련하고, 앞에 ㅍ자 꼴 손잡이
를 박았다(사진 99). 서까래를 받는 도리와 상인방 사이가 뚫려서 냄새가 잘 빠

사진 93 세모꼴 뒷간
환기구가 따로 없어 여름에는 안이 몹시 무덥다.

사진 94 농가의 뒷간
외양간(오른쪽)과 뒷간을 한 건물에 둔 중·상류 농가의 뒷간이다.

진다(사진 100). 처마와 보 등에 '쇠가 나무를 이긴다(金克木)'는 오행(五行)의 글귀를 적었다. 뒤를 보고 나서 한쪽에 쌓아둔 겨를, 몽당비로 쓸어 덮는 점도 특징의 하나이다. 따라서 한 여름에도 냄새가 나지 않고 벌레도 꾀지 않는다. 쌀겨를 똥·오줌 위에 뿌리면 위생적일 뿐 아니라, 뒤에 거름으로도 쓰므로 일석삼조(一石三鳥)인 셈이다.

안뒷간(사진 101)은 안 행랑채 한끝에 있다. 안뒷간을 헛간이나 방앗간 또는 뒤란 등 외진 곳에 따로 세우는 관행과 다르다. 안에는 부춛돌 두 개를 놓았을 뿐이다(사진 102). 똥·오줌은 한 쪽에 쌓인 재로 쓸어 덮어서 똥재로 만든다. 중인방과 상인방 사이를 트고 무지개꼴로 굽은 보를 걸었다. 같은 꼴의 보가 헛간에도 있어서 묘한 조화를 이룬다. 본디 이 보와 처마를 받는 보 사이에 나무토막을 끼워놓았으나 지금은 보이지 않는다. 멍청한 보수 업자가 빠뜨린 것이다.

사진 103·사진 104는 대문밖에 세운 임실군 둔남면 둔덕리 이웅재씨네 바깥뒷간이다. 다락집으로, 똥·오줌은 가운데 아래쪽의 거적문으로 쳐낸다. 입구는 대문쪽으로 내었으며, 문을 달지 않고 반 칸을 터놓았다. 다락뒷간은 똥·오줌을 나르기가 편하다. 왼쪽에 턱을 지어 깎은 노둣돌이 있다.

사진 105는 옥구군 어청도의 뒷간이다. 마당이 워낙 좁은 탓에 뒷간을 길가에

사진 97 흙벽을 치고 둥근 볏집 지붕을 깊숙하게 덮은 농가의 뒷간
통풍을 위해 널문의 상부를 톱으로 발라내고 오른쪽 벽의 아랫도리를 막돌로 막은 슬기가 놀랍다.

사진 95 상류가옥의 뒷간
알려진 상류가옥의 뒷간으로는
매우 허술한 편이다.

사진 96 죽담 뒷간
집의 담과 뒷간의 담을 하나로 삼
은 재치가 그럴 듯하다.

사진 98 고졸한 품격을 지닌 바깥뒷간

사진 99 앞쪽에 쌓인 것이 쌀겨이다.

사진 100 뒷간 내부 위쪽

사진 101 안뒷간(오른쪽)
일부러 무지개처럼 굽은 나무로 도리를 좋고 처마 도리 사이에 나무토막을 끼워서 힘
을 받도록 한 것이 눈을 끈다.

사진 102 안뒷간
지금은 똥을 쌀겨로 덮는다.

사진 103 대문 밖에 세운 바깥뒷간
턱을 지어 깎은 돌이 말에서 오르내릴 때 딛는 노둣
돌이다.

사진 104 앞 뒷간의 옆모습
다락 뒷간인 까닭에 오물을 아래로 쳐낸다.

사진 105 · 106 어청도의 뒷간

사진 107 반쯤 무너진 뒷간 벽

사진 108 손잡이 달린 뚜껑

사진 109 잿간

사진 110 안뒷간(왼쪽 끝)

사진 111 앞 뒷간의 안 모습

사진 112 지붕 없는 뒷간
짚더미에 의지하여 엉성하게 꾸민 뒷간으로 뻗어 오른 박 덩굴이 돋보인다.

사진 113 툇마루 끝에 붙인 소변소
널을 ㄱ자꼴로 둘러막은 아래에 오줌독을 묻었다.

사진 114 부안군의 뒷간

사진 115 농가의 뒷간
오른쪽 아래에 구유를 놓고 오줌을 따로 받는다.

세웠다. 흙은 한 줌도 쓰지 않고 크고 작은 돌로만 벽을 쌓았다. 입구에 함석을 늘어뜨린 데가 문이다. 사진 106의 어청도 뒷간은 지붕에 그물을 덮었다. 바닷바람이 워낙 거센 탓이다.

사진 107의 뒷간은 죽담 한쪽이 반 넘어 무너졌음에도 손을 대지 않았다. 안이 드러나지 않도록 슬레이트 조각으로 가렸다. 큰 독에 널 틀을 얹은 것은 다른 데와 같지만, 손잡이가 달린 뚜껑은 돋보인다(사진 108). 뒤지도 벽에 걸었다. 사진 109는 이 뒷간 한쪽에 마련한 잿간이다. 오른쪽에 오줌그릇이 있다(김제시).

사진 110은 남원군 수지면의 상류가옥 안뒷간으로, 안행랑채 왼쪽 끝에 붙였다. 내부 시설은 앞집과 같다. 왼쪽 벽에 똥삼태기가 걸렸다(사진 111). 사진 112는 지붕이 없는 뒷간이다. 듬성듬성 박아놓은 기둥에 의지하여 두툽게 짠 거적을 둘렀을 뿐이다(부안군). 사진 113은 어떤 집 사랑채 퇴 끝에 마련한 소변소이다. 바닥에 독을 묻고 ㄱ자 꼴의 가리개를 세웠다. 사진 114는 우리 농촌의 전형적인 잿간을 겸한 뒷간이다.

사진 116 뒷간 뒷모습
왼쪽이 몸채이고, 오른쪽은 뒷간이다. 이들은 모두 흙과 볏집을
버무려서 벽을 쌓아올린담집이다. 제목을 얻기 어려운 가난한
이들은 먼저 흙으로 네 벽을 쌓고 그 위에 지붕을 얹어서 집을
지었다.

▶ 전라남도

　사진 115는 신안군의 뒷간이다. 흙 한 켜와 돌 한 켜씩 번갈아 가며 쌓아올린
죽담에 두툼하게 짚을 덮고 유지기를 올렸다. 유지기는 전라남도 남부 지역에 집
중적으로 분포한다. 입구 오른쪽, 곧 사람이 쪼그려 앉는 쪽에 가리개를 붙였다
(안좌도). 사진 116은 흙담집의 몸채와 뒷간이다. 조금 높은 몸채와 그 보다 조금
낮은 뒷간이다. 형제처럼 다정하게 앉은 모습이 인상적이다(안좌도).

　사진 117·사진 118은 구례군 토지면 오미리 운조루(雲鳥樓)의 바깥뒷간이
다. 두 칸으로 나누었으며, 안쪽에 높이 50센티미터쯤의 마루를 깔아서, 그 위에
올라앉아 일을 본다. 똥·오줌은 오른쪽 뒤에 낸 구멍으로 퍼낸다. 마루 뒤로 턱
을 짓고 쌀겨를 쌓아 두었다. 정읍 김동수씨네처럼 쌀겨로 덮은 것이다. 두 칸 사
이에 널 가리개를 세우고 겨를 쌓은 부분은 터놓았다. 문은 달지 않았다.

　사진 119는 지붕이 없는 것은 말 할 것도 없고, 담도 겨우 아랫도리를 가릴 정
도만 남았다. 중간에 무너진 것이 아니라, 본디부터 이렇게 쌓은 것이다. 외딴 집
이라 아무렇지 않게 여긴 듯 하다(임자도). 사진 120도 유지기를 올린 농가의 뒷
간으로, 반쪽을 틔워서 출입구로 삼았다.

사진 117 구례 운조루의 바깥뒷간
두 칸으로 나누고, 위·아래 사람이 따로 썼다.

사진 118 뒷간 안 모습(수리 전)

사진 119 지붕도 담도 없는 뒷간

사진 120 농가의 뒷간

사진 121의 진도읍 서민가옥 뒷간은 입구를 돌려 앉혔다. 담벼락에 쌓인 것은 퇴비이다.

사진 122처럼 외양간(왼쪽)과 뒷간(오른쪽)을 함께 두기도 한다. 뒷간 입구 위쪽에 박은 작대기에 뒤지를 끼워놓았다(장흥군). 사진 123은 장흥군 상류가옥의 안뒷간이다. 중문간의 오른쪽이 목욕간이고 그 옆이 안뒷간이다. 똥·오줌은 아래구멍으로 퍼낸다. 1980년대에도 목욕간을 갖춘 상류가옥은 이 집뿐이었다. 사진 124는 지붕이 워낙 낮아서 허리를 구부리고 드나든다. 왼쪽에 거적문을 달았다(담양군).

사진 125·사진 126·사진 127은 영광군 상류가옥의 안팎 뒷간이다. 바깥뒷간은 전면 두 칸 측면 한 칸 규모이며, 뒷간을 제외한 공간은 헛간으로 쓴다. 널문 아랫도리에 살창을 붙이고, 안에 높은 마루를 깔았다. 오른쪽에 오줌독이 보인다. 지붕 용마루의 좌우 양쪽은 물론이고, 내림마루에도 바래기 기와를 얹었다. 이러한 바깥뒷간에 견주면, 안뒷간은 허술하기 그지없다. 짚으로 두르고 슬레이트 조각을 얹었으며 그나마 문도 없다. 안에도 독에 널쪽 두 개를 건너질렀을 뿐이다. 사진 128도 같은 곳의 상류가옥 바깥뒷간이다. 앞에서처럼 아랫도리에 살창을 내고 벽 상부에도 대살을 박은 창을 붙였다. 널문 왼쪽에 오줌독을 묻었다.

사진 121 진도의 뒷간

　사진 129는 장성군 황룡면 필암리의 필암서원(筆巖書院) 뒷간이다. 호남지방의 뛰어난 유학자로 손꼽히는 하서(河西) 김인후(金麟厚, 1510~1560)와 그의 제자이자 사위인 고암(鼓巖) 양자징(梁子徵, 1523~1594)을 배향한 곳이다. 근래에 세웠음에도 단아하고 아담하며 격조 또한 높다. 사방 한 간으로, 벽은 회벽이다. 안에는 가리개를 새우고 변기 두 개를 앉혔다. 상부에 살창을 붙인 뒷벽은 서원 담의 일부를 이루었다. 뒷간을 될수록 내어 지으려는 의도 때문이다. 슬기로운 배려이다. 네 개의 지붕 마루가 모인 한 가운데에 크고 작은 단지 두 개를 얹어 꾸민 재치도 돋보인다.

사진 122 외양간과 뒷간(오른쪽)

사진 123　중문 옆에 붙인 안뒷간(오른쪽)

사진 124　담양의 뒷간

사진 125 바깥 뒷간

사진 126 안뒷간

사진 127 내부

사진 128 바깥 뒷간

사진 129 필암서원 뒷간

4. 돼지뒷간

사진 130 다락형 돼지뒷간의 우리 안 모습
바닥에 거름감이 두툼하게 깔렸다. 돼지를 뒷간에서 키우는 목
적은 먹이 절약과 거름생산에 있다. 돼지는 재래종 흑돼지이다.

▶ 경상남도

　함양군 휴천면과 산청군 생초면 및 신등면 등지의 지리산 자락에 위치한 산간 마을에서는 오늘날에도 뒷간에서 재래종 흑돼지를 키운다. 불리한 농업 환경 때문이다. 경작지 대부분이 산을 깎아서 마련한 비탈 밭인데다가, 바닥에 돌이 깔려서 거칠기 그지없다. 따라서 돼지우리에서 나오는 거름을 쓰지 않으면 소출을 기대할 수 없다. 사람의 똥이, 턱없이 부족했던 돼지먹이의 보탬이 되었던 점도 한 원인이었다. 뒷간에서 돼지를 먹임으로써, 이 두 가지 문제가 자연히 해결된 셈이다. 일제강점기에 관청에서 개량변소 신축을 강권하였지만, 따르지 않는 까닭도 이에 있다. 돼지뒷간은 거름 생산과 돼지사육 그리고 똥·오줌의 처리가 서로 맞물린 덕분에 지금까지 이어져 내려왔다.

　거름 감으로는 풀이 으뜸이지만, 볏짚도 좋다. 부지런한 농가에서는 마당에 쌓아놓은 풀을 열흘에 한번 꼴로 우리에 새로 깔았다. 돼지의 똥·오줌이 섞이고 쉴 새 없이 밟으므로, 빨리 삭는 것이다. 옛적에는 이것을 주로 보리밭에 냈지만, 오늘날에는 사과·포도·감나무 등 과수에 준다.

　휴천면 백연리의 염동희(74세)는 돼지를 키운 목적의 반은 거름 생산이고 나머

사진 132 뒷간으로 오르는 사닥다리가 놓인 다락형 돼지뒷간.

지는 살림에 보태기 위한 것이라고 하였다. 실제로 백연리 일대는 물매가 몹시 된 까닭에, 똥·오줌을 똥통에 퍼담아 사람이 옮기기가 어렵다. 이 같은 지형도 돼지뒷간의 존속 이유가 되었을 것이다. 그는 "뒷간에서 자란 돼지고기 맛이 더 좋으냐?"고 묻자, 기다렸다는 듯이 대답하였다.

"아이가 그 엉뚱이(엄청나게) 틀리지. 질이. 이건 말 하자믄 똥돼진데, 살이 쪄도 많이 비기(비계) 없고, 또 이자 육질이 부드러우면서도 이자 깐깐(단단)하고, 맛이 꼬신 맛이 엄청 더 있죠. 축사 돼지 십 만원이면 오 만원 더 주고 이걸 먹지."

2 5호였던 1970년 무렵에는 집집마다 돼지를 먹였으나, 호수가 11호로 줄어든 오늘날에는 다섯 집에서만 키운다. 돌볼 젊은이가 없는 탓이다. 염씨는 돼지가 까닭 모르게 죽어나가자, 그의 아내가 밥을 차려놓고 빌었지만, 효과가 없었다고 하였다. 휴천면 일대에서는 돼지뒷간을 '호간'이라 불렀다고 하나, 말뜻은 알 수 없다.

돼지뒷간은 다락형과 평지형의 두 종류가 있다. 다락형은 똥 누는 데를 돼지 우리 위에 붙인 뒷간이다. 사닥다리를 이용해서 오르내리고, 천장도 워낙 낮아서

사진 133 뒷간 안 모습

사진 134 다락형 돼지 뒷간
오른쪽 위가 사람이 똥을 누는 다락 뒷간이고, 왼쪽 아래가 돼지의 보금자리이다.

허리를 깊이 구부려야 하며, 뒤를 보고 나서도 일어설 수 없는 등 여간 불편한 것이 아니다. 전기가 없던 시절에는 밤에 드나들기가 더욱 어려웠을 것이다. 그러나 편리한 점도 없지 않다. 돼지와 거리가 떨어져서 똥이 튈 염려가 없고, 거름도 들어내기 쉬운 것이다.

평지형은 똥 누는 데가 지면과 거의 평행을 이루는 뒷간이다. 돼지우리는 땅바닥을 1.5미터쯤 파서 마련한다. 따라서 드나들기는 편하지만, 설사나 물지 똥이라도 누면, 돼지가 털어 내려고 몸을 뒤흔들 때 꼼짝없이 낭패를 당하게 마련이다. 거름을 들어내기 어려운 점도 흠이다.

사진 131·사진 132는 휴천면의 다락형이다. 일자 꼴 안채에 모로 꺾어 세운 헛간채 오른쪽 부분이다. 뒷간 출입을 위해 눈썹처마(함석)를 달고 아래에 시멘트 블록을 반쯤 쌓아 올렸다. 사진 132의 왼쪽 아래에 널쪽을 이어 붙인 문이 있고, 그 위로 창을 달았다. 오른쪽에 뒷간으로 오르내리는 사닥다리가 보인다. 사진 133는 뒷간 내부이다. 흙바닥에 짚을 깔았으며 바닥 구멍은 좁다. 돼지우리 벽 중간에 나무를 건너지르고 통나무를 촘촘하게 놓아서 오른쪽에 뒷간을 꾸몄다(사진 134).

사진 135 우리 바닥

사진 136 대문채 옆(오른쪽)의 평지형 돼지뒷간
아래쪽에 환기와 채광을 위한 네모꼴 구멍을 뚫었다. 마을에 돼지를 키울 젊은이가 없어서 겨우 서너 집에 남았을 뿐이다.

사진 135는 우리바닥에 깔아놓은 거름 감인 짚이다. 오른쪽에 돼지 밥통인 돌구유가 보인다.

사진 136은 평지형이다. 사진 137의 오른쪽이 뒷간이고 왼쪽이 우리이다. 땅을 파고 우리를 마련한 까닭에, 거름은 바깥쪽에 낸 살문으로 들어낸다. 우리의 위는 헛간으로 쓴다. 사진 138은 우리 안의 돼지 모습이다. 사진 139는 평지형을 다락형으로 개조한 것이다. 뒷간 자리에 헛간을 꾸미고 뒷간을 왼쪽 귀퉁이로 옮겼다. 우리에서 들어낸 거름이 마당에 쌓여있다. 돼지먹이는 사진 140의 왼쪽 아래 구멍으로 준다.

사진 137 평지형 돼지뒷간
왼쪽 아래로 돼지가 보인다.

사진 138 우리 안의 돼지 모습

사진 139 우리 앞의 거름

사진 140 먹이 구멍(왼쪽 아래)

사진 141 돼지뒷간의 '돌집'
오른쪽이 돼지집이고 돼지 뒤로 돌을 건너지른 데가 뒷간이다. 사람이 똥을 누는 뒷간에는 벽도 지붕도 없어서, 돼지를 위한 돌통보다 못하다. 왼쪽으로 돌구유가 보인다.

▶ 제주도

안커리(몸채)의 정지에서 떨어진 밖거리(바깥채) 옆의 울담에 붙여 짓는 뒷간은, 돼지를 위한 돌통(돼지우리)과 사람의 똥·오줌 자리(통시)로 구성된다. 돌통은 땅의 생김새에 따라 높이 1미터쯤의 돌담을 둘러서 마련한다. 한쪽에 돼지가 들어가 쉴만한 돌집을 붙이고, 그 위에 보릿대로 짠 삿갓 꼴의 지붕을 얹는다(사진 141). 똥 누는 자리는 바닥에서 1미터쯤 떨어져서 서너개의 디딤돌을 딛고 오르내린다(사진 142). 주위에 벽을 치지 않고 높이 50센티미터쯤의 돌벽을 쌓을 뿐이어서, 어디서나 일을 보는 사람의 어깨나 머리가 보인다. 똥을 누면서도 주위를 살피려고 사방을 터놓았다고 한다. 왜구를 비롯한 외부의 침입이 끊이지 않았기 때문이라는 것

사진 142 벽을 세운 뒷간

이다. 이러한 설명에 타당성이 없는 것은 아니지만, 문화적 현상으로 보아야 할 것이다. 제주도의 뒷간을 빼 닮은 일본의 오키나와 뒷간도 마찬가지이기 때문이다. 근래에 이르러 벽도 세우지만 문은 달지 않으며 돌층계를 놓을 뿐이다.

안에 부춤돌(디딜팡)만 놓으며(사진 143), 문이나 지붕 따위는 없다. 비바람이 유난히 드센 고장인데, 지붕이 없으면 어떻게 하나?고 물었더니 "삿갓을 쓰고 우장(도롱이)을 입는데다가, 그것도 잠깐 동안이므로 문제가 없다"는 대답이었다.

사람이 부춤돌 위에 앉으면 곧 돼지가 달려든다. 바닥 높이가 낮은 데서는 돼지가 궁둥이까지 핥는다. 더구나 설사라도 하면 돼지가 온 몸을 흔들 때 옷에 튀므로, 반드시 2~3미터의 작대기를 들고 휘둘러서 쫓아야 한다. 이 때문에 어린아이는 어머니가 옆에 서서 지킨다. 돼지를 피하려고 오줌은 남녀 모두 통시 곁의 우영 근처에 둔 오줌항에 눈다.

뒷간에서 돼지를 기르는 목적은 여러 가지이다.

첫째, 사람의 똥이 돼지 먹이가 되어 기르기 쉽고

둘째, 똥·오줌을 따로 쳐낼 필요가 없으며

셋째, 거름 생산이 자동적으로 이루어지고

넷째, 뱀을 쫓는 데에도 도움이 된다.

옛적에는 돼지를 집집마다 키웠다. 대천동의 한 노인은 "비록 비럭질을 할망정, 돼지는 반드시 키웠다"고 하였다. 돼지의 비중이 짐작되고도 남는다. 먹이가 적은 탓에 한 집에 한 마리쯤이다. 음식 찌꺼기는 생각도 할 수도 없고, 보리 겨나 조 겨

는 먹지 않았다. 사람의 똥에는 50퍼센트 이상의 영양분이 남아서 6~7명분이면, 먹이의 30~40퍼센트가 되었다. 이 때문에 남의 집에 갔다가도 반드시 자기 집으로 돌아와 똥을 누었으며, 그 집에서는 "급하면 우리 집에서 일을 보라"고 권하였다. 그러나 사람의 배설물만으로는 모자라서, 때때로 음식물 찌꺼기 따위를 돌구유(돝도구리)에 담아 준다. 새끼는 반년이며 다 큰다.

　돝통의 넓이는 돼지의 수가 아니라 농사 규모에 좌우되었다. 농사가 많은 집일수록 거름이 더 필요했던 것이다. 거름 감의 대부분은 보릿대이다(사진 144). 알갱이를 털어 낸 대를 차곡차곡 둥글게 쌓아서 보리눌을 꾸몄다가 돝통에 들여놓으며, 외양간(쇠막)에 깔았던 것도 옮긴다. 돼지는 제 똥과 함께 밟고 주둥이로 갈아서 삭힌다. 거름은 초가을에 꺼내 보리밭에 펼치거나 씨에 버무리려 주며, '지슬(감자)밭'과 감자(고구마)밭에도 넣었다. 돝통의 거름은 기름져서 그 해 농사에도 도움이 되지만, 외양간의 것은 한 해가 지나야 한다.

　사람의 똥·오줌을 돼지가 깨끗이 먹어 치우므로, 냄새가 나지 않고 따로 쳐내는 불편도 없다. 바닥이 낮아서 비가 내려도 돝통의 구정물이 마당으로 흘러들지 않는다. 돼지는 뱀의 천적이기도 하여 뱀을 쫓는 간접적인 효과도 있었다.

　특히 혼인 따위의 잔치를 앞둔 집에서는 반드시 돼지를 먹였으며, 이를 '우정

사진 144 우리에 깔아 놓은 보릿대
돼지 똥과 함께 삭은 보릿대는 초가을에 보리밭에 내며 씨에
버무려 주면 잘 자란다. 이 밖에 감자나 고구마밭에도 준다.

사진 145 길가의 돼지뒷간과 뒷간으로 오르는 층계

사진 146
싸리발을 문으로 삼은 재래식 뒷간

돼지'라고 불렀다. 돼지는 혼사의 계기도 마련한다. 훌륭한 처녀가 있다는 소문이 돌면, 신랑 아버지가 찾아가서 "돼지나 팔 것 있습니까?" 물어서, 처녀가 나오면 "목이 마르니 물이나 한 그릇 줍서" 하여 인물 됨됨이를 살폈다고 한다.

돼지뒷간은 1970년대에 불어 닥친 새마을 운동 열풍으로 자취를 감추었다. 정부에서 20만원의 보조금을 내어 수거식으로 바꾸라고 한 까닭이다. 지금은 제주 민속촌에만 남아 있다.

함경북도 회령과 강원도 양구를 비롯하여 경상남도 충무·거창·함양·산청·의령 등지와 전라남도 광양에도 돼지뒷간이 있었다. 뿐만 아니라 중국의 내몽골 서부와 산동성·산서성의 동부 및 중부 그리고 동북부(만주)의 용정, 네팔, 일본의 오키나와와 필리핀 등지에도 분포한다.

돼지를 뒷간에서 기르는 내용이 무당노래에 자주 등장하는 것을 보면, 그 역사가 오랜 것을 알 수 있다. 한경면(翰京面) 판포리(板浦里)의 판포 본향당풀이에 아이 밴 부인이 돼지고기 생각이 나자, 뒷간에 가서 돼지털을 뽑아 냄새를 맡았고, 이를 안 남편이 부정을 저질렀다며 갈라섰다는 내용이 그것이다. 결국 이 부인은 죽은 뒤에야 '귀물(貴物)'을 먹을 수 있었다.

무당노래에는 '뒷간'과 '서각'이 드물게 나타난다.

사진 147 중국 한대 명기의 돼지뒷간

▶ 중국의 돼지뒷간

돼지뒷간의 본고장은 중국이다.

『한서(漢書)』 연자왕단전(燕刺王旦傳)에 "뒷간에서 돼지들이 나왔다"고 적혔고, 사고(師古)는 이에 대해 "측은 돼지 기르는 뒷간이다"는 주를 달았다. 『석명』에서도 "사람의 뒷간(廁)과 돼지뒷간(溷)은 같은 것"이라 하였다. 모두 돼지뒷간의 역사가 오랜 것을 알리는 내용이다.

『묵자(墨子)』 수성편(守成篇)의 "뒷간이 50보 떨어진 데에 있으며, 그 아래의 돼지 때문에 사람이 놀란다(五十步一廁 與下同溷之廁者不得操)"는 기사로 미루어, 우리네 제주도처럼 익숙하지 않은 사람은 똥을 누기 어려웠던 듯 하다. 『한서』에도 "뒷간의 돼지 여러 마리가 담을 허물고 나와서 대관 집의 부뚜막을 무너뜨렸다(廁中豕君出 壞大官竈)"고 적혀 있다(무오자전[戊午子傳]).

돼지뒷간은 춘추전국 시대(서기전 770~서기전 221)에 황하 유역에 처음 나타났다.

이 뒷간은 황하의 중·하류 지역에서, 전국기(戰國期)의 농경 진전에 따른 가

사진 148 돼지뒷간(산동성)
오른쪽이 뒷간이고, 왼쪽 바깥이 돼지우리이다.

사진 149 앞 뒷간의 우리
돼지는 층계를 통해 제 집으로 드나든다.

축 사양(飼養)과 농경을 양립시키기 위해 집안의 뒷간에서 돼지를 먹이게 되고, 사료의 비용을 줄일 목적으로 생겨난 것으로 생각된다. 한편, 또 하나의 기능인 퇴비(堆肥)의 생산과 이를 경작지의 거름으로 쓰는 적극적인 움직임은 후한(後漢) 중기 이후에 본격화 하였을 가능성이 높은 것으로 추정된다. (중략)장강(長江) 유역의 논농사 지역에 대한 돼지뒷간(豚便所)의 보급과 화북적(華北的) 농경의 확대에 따라 농경지에 대한 시비(施肥)가 수전지(水田地)에도 응용된 것이 계기가 되었다. 한편, 광주(廣州)시 지역의 돼지뒷간은 , 화북(華北)의 돼지뒷간 문화를 지닌 사람들의 이주에 따라 강제적으로 이루어졌다(西谷大, 2001;79)

먹이에 드는 비용 절감과 거름 생산을 위해 , 돼지뒷간이 생겼다는 점은 우리네 제주도 사정과 꼭 같아서 흥미롭다.

한나라의 고조가 죽은 뒤, 여후(呂后)가 척부인(戚夫人)의 팔 다리를 자르고 눈을 빼고 귀를 태운 뒤, 뒷간의 돼지에게 주었다는 것은 돼지뒷간이었기에 가능하였을 것이다.

돼지뒷간은 우리가 둥근꼴과 네모꼴(사진 147)의 두 가지가 있으며, 둥근꼴이 네모꼴보다 먼저 나왔다. 이들이은 남여의 것을 따로 둔 남녀 유별형과 평지형으로 구분된다. 우리네 경상남도에도 두 유형의 뒷간이 있다.

이들 가운데 남녀의 칸을 따로 마련한 '남녀유별'형이 적지 않은 곳은 흥미롭다. 후한 중·후기 무덤에서 나온 명기를 지역별로 분석한 결과, 남녀유별형은 하북성·하남성·산서성·산동성·강소성 부구 일대에 분포한 것으로 밝혀졌다. 한편, 다락형은 동남쪽인 광동성에 집중적으로 나타났다(西谷 大, 2001;86). 고대에는 남녀가 뒷간을 따로 썼음에도 , 앞에서 들었듯이 오늘날 절강성의 농촌지대에서 문도 벽도 없는 길가의 한데뒷간에서 남녀가 함께 앉아 똥·오줌을 누는 것은 기이한 일이다. 아마도 유별형은 일부 귀족 집에서만 분포 하였을 것이다.

돼지뒷간은 일본, 대만, 필리핀으로 퍼져 나갔다.

이 뒷간(猪圈)을 나탸낸 명기는 전한시대(서기전 202~서기후 8)을 비롯하여 그 이후 무덤에서 나온다.

사진 150 일본 오키나와의 돼지뒷간

　돼지뒷간은 오늘날에도 적지 않게 남았다. 1999년의 산동성 혜민현(惠民縣) 일대의 사정이다.

　사진 148의 돼지우리는 길이 3미터, 너비 2미터, 깊이 2미터이다. 앞에서 든 대로, 딘후(晉侯)가 거꾸로 빠져 죽을만한 규모이다. 그러나 뒷간 구조는 엉성하기 짝이 없다. 사람의 뒷간에 돼지우리를 붙인 것이 아니라, 돼지우리에 사람의 뒷간이 딸린 셈이기 때문이다. 정작 똥을 누는 데(사진 149)는 벽돌로 대강 쌓은 ㄱ자 꼴의 낮은 담(높이 1미터)을 둘렀을 뿐이다. 그나마 터진 쪽이 길가로 행해서, 똥누는 사람을 가리기 위한 것이라기보다는, 뒤로 떨어지는 것을 막는 시설에 지나지 않는다. 따라서 똥·오줌을 누는 모습은 일부러 외면하지 않는 한, 누구의 눈에나 띈다. 더구나 지붕도 없다(이 마을의 뒷간에는 모두 지붕 시설을 하지 않았다). 앞에 든 명기에, 사람이 똥·오줌을 누는 공간에 벽을 치고 지붕을 얹은 것과 대조적이다.

또 바닥에 뚫어놓은 구멍에 쪽 나무 두 개를 건너질렀을 뿐아니라, 돼지를 위해서는 벽돌집을 따로 짓고 튼튼한 지붕까지 얹었다. 아닌게 아니라 우리에 있던 두 마리의 돼지가 안 그늘에서 늘어지게 쉬는 중이다(사진 149). 왼쪽의 양철통은 먹이(쌀 겨)통이다. 왼쪽 벽 위의 구멍으로 먹이를 통에 넣어준다.

일본에는 근래까지 오키나와에 돼지뒷간이 있었다. (사진 150). 돼지는 1392년에 중국 복건성에서 들여왔으므로 그 역사는 700여 년이 된다. 그때 오키나와는 류큐(琉球)라는 독립국으로, 일본 본토보다 중국과의 교류가 더 잦았다. 이 곳에서는 돼지뒷간을 '북쪽'이라고 부른다. 이는 우리네 뒷간과 의미가 같아서 흥미롭다. 뒷간 바닥에 깔았던 짚 따위를 귀중한 거름으로 쓴 것은 중국이나 우리와 같다.

5. 절간의 뒷간

사진 151 선암사 뒷간
우리나라에서 뒷간 가운데 가장 큰 건물로, 일자꼴 몸체 가운데에
복도를 붙였다. 맞배 지붕의 합각 부분을 널쪽을 촘촘히 붙여서 가
렸다. 이 부분의 끝을 부드러운 곡선으로 마무리한 솜씨가 돋보인다.

사진 152 뒷간 현판(선암사)

▶ 선암사(仙巖寺)

어느 날 전라남도 승주군 선암사(仙巖寺) 중과 이웃의 송광사(松廣寺) 중이 제 절간 자랑을 늘어놓았다. 선암사 쪽에서 "우리 뒷간은 아주 깊어서, 어제 눈 똥이 아직도 떨어지는 중"이라고 뻐겼다. 상대는 이에 질세라 "우리 국솥은 어찌 나 큰지, 건더기를 저으려고 사흘 전에 배를 타고 떠난 사람들이 풍랑을 만난 탓인 가 아직도 돌아오지 않았다"고 대꾸하였다.

아닌게아니라, 송광사에는 밥을 퍼 담아 두는 '비사리 구시'가 있다. 1724 년, 남 원군 송동면 세전골 싸리나무가 큰바람을 맞아 쓰러지자 구유 꼴로 판 것이다. '비 사리'는 노를 꼬거나 미투리 바닥을 삼는 싸리 껍질을 이르는 말이고, '구시'는 구유의 사투리이다. 따라서 '비사리 구시'는 '싸리나무 구유'라는 뜻이다. 큰 불사 (佛事)에 모여드는 신도들을 위해, 일곱 섬의 쌀로 지은 밥을 담아 두었다고 한다. 이만한 양의 밥이라면 국도 많이 끓였을 것이다.

지금은 크고 작은 두 개가 남아 있다. 큰 것은 길이 490센티미터, 너비 120센 티미터, 깊이 94센티미터에 이른다(사진 153). 좌우 양끝에 티자(T字)꼴의 귀를 붙여 파고 아래쪽에 구멍을 내었다(사진 154·155). 옮길 때에는 배가 아래로 향

사진 153 작은 것을 큰 것 안에 담은 모습

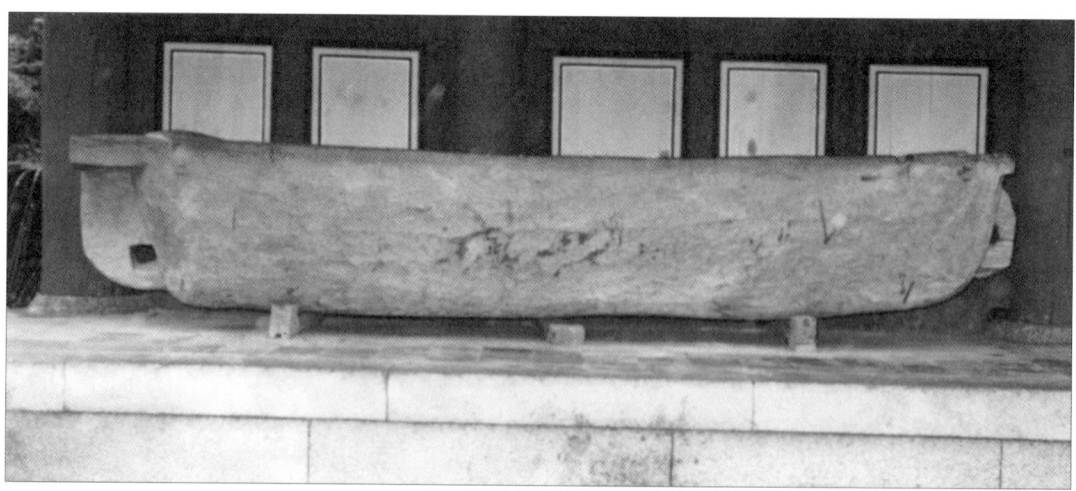

사진 154 큰 구유

사진 155 옆모습

사진 157 뒷모습
'大便所'라는 현판에 걸맞는 웅장한 건물이다. 가운데 아래 문으로 거름을 들어낸다.

하도록 엎어놓은 다음, 이곳에 긴 나무를 꿰고 어깨에 멘다. 중국 서남부의 귀주성과 운남성 등지에 사는 소수민족들의 떡 구유에도 같은 구멍이 있다. 작은 것은 길이 345센티미터, 너비 66센티미터, 깊이 70센티미터이다. 이만한 크기의 그릇에 밥을 퍼 담으려면 십여 명이 삽질을 하였을 것이다. 수백 명이 한꺼번에 식사를 한 1960년대의 군대 부엌에서도, 목 긴 장화를 신은 취사병이 삽으로 퍼 담았다.

같은 민담은 평안북도 안변(安邊)의 석왕사(釋王寺)와 강원도 정선군의 갈래사(葛來寺)에도 전한다(임석재, 1989 : 243).

선암사 뒷간은 일자(一字)꼴 몸채에 한 간 길이의 복도(淨廊)를 붙여서 티자(T字)를 이루었다(그림 9·사진 156). 맞배지붕에 측면 두 칸, 정면 여섯 칸이나 되는 2층 다락집이다(사진 157). 대체로 절간에서는 몸속의 더러운 것이 아래로 멀리 떨어지듯, 욕심과 번뇌도 그렇게 사라지기를 바라서 뒷간을 높이 짓는다.

복도 좌우 양쪽에 벽을 치고 가운데에 살창을 먹였으며, 문은 두짝열개의 판문이다(사진 158). 보에 걸어놓은 현판은 큰 볼거리이다. 흰 바탕에 검은 글씨로 '所便大'라고 쓰고, 오른쪽에 주의 사항을 적은 쪽널을 붙였다.

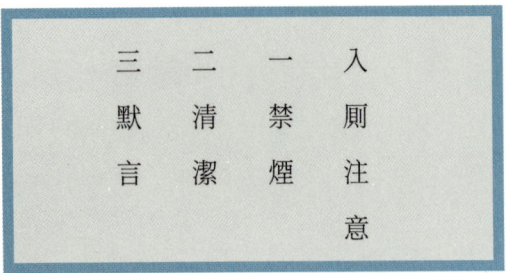

三　二　一　入
默　清　禁　厕
言　潔　煙　注
　　　　　意

'대변소'에 주의를 기울이자. '똥(大便) 누는 데(所)'인지, '큰뒤간'인지 아리송하다. 웬만큼 사는 농가에서는 오줌을 남새밭에 내려고 '대변소'와 '소변소'를 따로 갖추기도 하지만, 이 절에는 소변소가 따로 없으므로, '큰 뒷간'의 뜻으로 보아야 한다. 이름 그대로 이 뒷간은 우리나라에서 가장 크다.

한글로 적힌 '싼뒤'를 속으로 되뇌어 보라. 뇌면 뇔수록 그럴듯한 이름이다. 충청남도 공주에서 내 친구, 그의 친구 시계포 주인, 도장포 주인 이렇게 넷이서 소주를 마실 때, 내가 '싼뒤'라고 써 보이자 두터운 안경의 도장포 주인이 대뜸 토를 달았다.

"그렇지, 그거야 까고 나서 뒤를 보라는 뜻이지."

너무도 옳은 말이라, 우리는 소주잔을 거푸 비웠다.

위 칸의 벽은 셋으로 나누었으며, 맨 아래는 양쪽에 쪽널로 벽으로 삼았다. 뒤에 통풍을 위한 살창을 붙이고, 나머지 부분은 회벽으로 마감하였다. 몸채 뒷벽의 살창은 아래쪽에 두고, 복도 쪽의 것은 가운데에 베풀어서 바람이 잘 통한다. 대류 현상을 일으키려는 배려이다.

들어서서 오른쪽이 여자 칸(375센티미터), 왼편이 남자 칸(523센티미터)이다. 남자 칸(사진 159)의 똥 칸은 여덟 칸이고, 여자 쪽은 여섯 칸으로, 남자 칸이 더 넓다. 옛적에는 남자들의 절간 출입이 더 많았던 까닭이다. 남자 칸은 너비 120 센티미터, 깊이 130센티미터, 칸막이 높이는 135센티미터이다.

남녀 칸은 가운데에 각기 낮은 널벽을 치고, 다시 세 칸으로 나누어서 동시에 여섯 명이 들어간다. 출입문인 널문의 높이는 널벽과 같다. 바닥에 여섯 쪽의 널을 나

사진 158 판문과 현판

사진 156 문 안쪽 모습

그림 9 뒷간 평면도
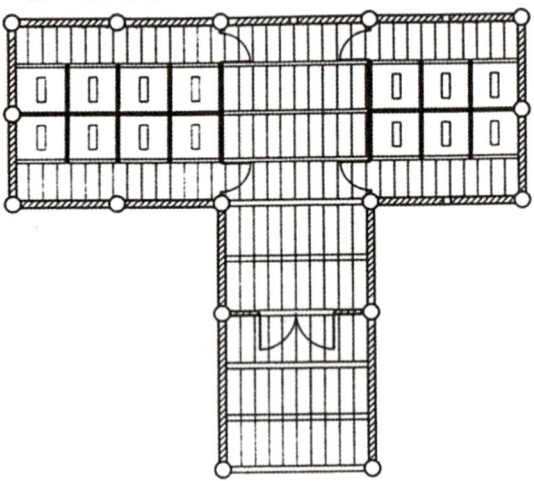

사진 159 남자칸 안 모습

사진 160 바닥 구멍

사진 161 여자 칸 바닥

사진 162 가랑잎에 버무려서 가운데에 모아놓은 거름

란히 깔되, 가운데를 비워 놓았다. 구멍이 길어서 똥이 한데로 떨어지거나 오줌 줄기가 밖으로 뻗칠 염려가 적다(사진 160). 한쪽에 나무로 짠 좁고 긴 뒤지 상자를 놓았다.

아래 칸의 벽 상반부는 새벽이지만 하반부는 막돌로 막았으며 몸채 뒤에 마련한 널문으로 드나든다. 문을 열고 들어가서 사진을 찍었다(사진 161). 때때로 가랑잎을 덮어놓은 터라 냄새는 심하지 않았다. 남녀 칸의 똥오줌에 무슨 큰 차이가 있으랴 싶으면서도, 따로 찍기로 하였다. 여자 칸 천장에 초점을 맞추려는 순간, '쉬 부쉬 쉬시 쉬쉬' 소리와 함께 소나기가 내렸다. 잽싸게 몸을 돌려 날벼락을 피한 다음, 소나기가 멎고 '덜컹' 문 닫는 소리가 들릴 때까지 숨을 죽였다. 도중에 플래시를 터트리면, 오줌을 누던 이가 기절초풍을 할 터이고, 나 또한 파렴치범으로 몰릴 것이 뻔했기 때문이다. 매우 긴 동안(?)을 기다리면서, 어쩌다가 뒷간 밑구멍을 뒤지는 신세가 되었는가? 하는 자탄이 절로 나왔다.

남녀 칸의 똥은 가운데로 모아서 뒤지를 가려낸 다음, 가랑잎에 버무려 두었다가 이듬해 봄에 거름으로 쓴다(사진 162).

선암사에서는 1990년대 후반에 이 뒷간을 다시 세울 때, 본디 모습을 되살렸다. 고마운 일이 아닐 수 없다.

▶ 송광사(松廣寺)

송광사의 뒷간(그림 9·사진 164)도 선암사처럼 티자(T字)꼴 평면의 다락집이다. 몸채는 전면 3간 측면 2간이며, 2간의 복도가 딸렸다. 전면의 지붕은 팔작으로, 측면은 맞배지붕으로 꾸몄다(사진 165). 건물에 맞물리도록, 복도에 요자(凹子)꼴의 못을 파 놓은 것이 눈을 끈다.

이 뒷간은 1993년에 다시 지을 때 크게 바뀌었다. 가장 큰 변화는 길에서 입구 사이의 땅을 파서 물을 이어 놓고 돌다리를 건너지른 점이다(사진 166·사진167). 이것은 속세와 정계(淨界), 사람의 세계와 부처님의 세상을 가르는 경계이다. 걸어 들어가며 "몸의 더러움 뿐 아니라, 마음의 티끌도 버리게 해 주십시오" 읊조리고, 나오면서 "앞으로 깨끗이 살겠습니다" 다짐을 두라는 뜻이다.

입구도 달라졌다. 모 기둥을 둥근 기둥으로 바꾸고 무지개 꼴 틀을 붙여서 화려하게 꾸몄다(사진 168). 입구 오른쪽 기둥 위에 걸었던 '화장실' 현판도 근래에 '해우소(解憂所)'로 바꾸었다. 절간의 뒷간 현판마저 유행을 타는 듯하여 씁쓸하다. 더구나 입구 보에 걸었던 '정랑(淨廊)' 현판이 사라진 것은 아쉬운 일이다. 검은 바탕에 흰 글씨로 단정하고 깔끔하게 쓴 까닭에 마음이 저절로 여미어지고

는 하였다.

오른쪽 벽 아래쪽에 쪽널을 촘촘하게 이어 세웠고 나머지 부분은 회벽으로 마감하였다. 그러나 왼쪽은 사람 키 높이의 살을 세워서 벽에 대신하고(사진 169), 오른쪽에 가랑잎을 쌓아 놓았다(사진 170). 들어갈 때마다 필요한 만큼 손에 쥔다.

다음은 여성 칸 쪽의 널문 위에 걸었던 표지판 내용이다.

더 중요한 것
시작보다 끝을 중시하라고 옛
선인들은 강조하셨습니다.
용변 후 나뭇잎으로 그 자리를
덮고 나오시면, 다음 사람이 훨씬
밝은 마음으로 화장실을 이용
하실 수 있습니다.

어법도 격식을 갖추었거니와, 띄어쓰기와 맞춤법 또한 바르다. 이 널쪽은 뒷간을 고칠 때 없어졌다. 나뭇잎을 쓰지 않게 된 탓도 있을 것이다.

111

사진 165 옆모습(수리 전)
전면은 팔자지붕으로, 측면은 맞배지붕으
로 꾸몄다.

그림 10 뒷간 평면도

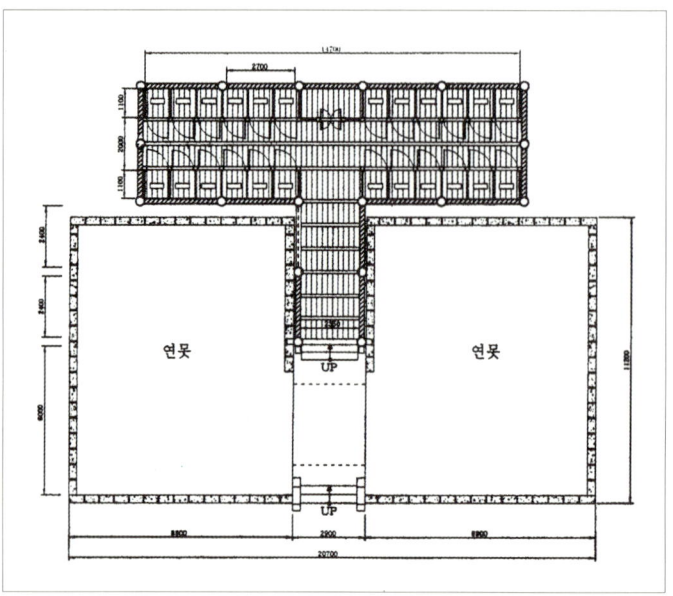

사진 166 수리 후의 옆 모습
몸채는 모듬지붕이고, 전면은 맞배지붕으로 꾸민 탓에
오랜 절간의 뒷간다운 모습이 사라졌다.

사진 167 못과 돌다리.
이 돌다리를 건너 뒷간으로 드나들 때, "내 마음의
티끌도 깨끗이 씻어지이다"라고 읊조리라는 뜻이다.

　　내부도 새로 꾸몄다. 본디 남녀 칸을 여덟 개로 나누었으나(사진 171), 가운데
에 복도를 두고 12칸으로 늘렸다. 이에 따라 바닥 구멍도 옆으로 뚫었다. 복도 끝
에 네 개의 남자용 소변기를 둔 것도 변화의 하나이다. 이로써 동시 사용 인원이
배로 늘었다. 각 칸에 문을 붙인 것도 눈을 끈다. 이로써 일을 보는 이의 '프라이
버시'는 보장되었지만, 절간다운 분위기는 사라지고 말았다. 나날이 늘어나는 관
광객을 위해 어쩔 수 없이 넓혔을 것이다.

사진 168 앞모습(수리 후)

사진 169 살 벽

들보 바닥에 붉은 칠을 하고 검은 글씨로 상량문을 적은 것도 옛적에 없던 일이다.

吾家有一客 檀紀四三二六年　　　　　　　　　　　　口呑天漲水
　　　　　　　　　癸酉陰十月十五日未時解憂所上樑
定是海中人 佛紀二五三七年　　　　　　　　　　　　能殺火精神

"입에 많은 물을 머금어(口呑天漲水), 불기운을 잡는다(能殺火精神)"는 말은 화재 예방 주문(呪文)이다.

가랑잎으로 밑을 닦던 시절에는 똥·오줌이 좋은 거름 구실을 하였지만, 오늘날에는 뒤지를 쓰는 까닭에 거름으로 쓰기 어렵다. 좀체 썩지 않기 때문이다. 사진 171은 고친 뒤의 뒷모습이고 사진 173은 고치기 전의 뒷모습이다.

사진 170 복도에 쌓아놓은 가랑잎
이것을 한웅큼 쥐고 뒷간으로 들어간다.

사진 171 여자칸

사진 172 뒷모습

사진 173 뒷모습(수리 전)

사진 172 불일암 뒷간 앞 모습
똥·오줌을 누는 뒷간이 아니라 암자와 같은 단정하고 깔끔한 느낌을 준다.

▶ 불일암(佛日庵)

송광사에 딸린 불일암 뒷간은 우리네 절간 뒷간 가운데 가장 아담하고 깔끔하다. 겉으로 보면 산신각이나 칠성각으로 여겨질 정도이다. 전면 세 칸에 측면 한 칸인 다락집이지만, 간살이 워낙 좁아서 보통 건물의 2분의 1에 지나지 않는다(사진 172). 맞배지붕에 기와를 덮었으며, 낮은 돌담을 둘렀다. 벽은 모두 널벽이고 뒷벽 아래쪽에 살창을 냈다(사진 173).

전면 가운데 문은 외짝 열개의 판문으로, 상부에 정방형의 띠살을 먹이고 한지를 붙였다. 좌우 양쪽 벽 위에도 살창을 꾸미고, 허리 께에 만자(卍字) 살 세 개씩을 베풀었다(사진 174). 들어서서 왼쪽이 남자칸으로, 기둥에 '男'이라고 쓴 붉은 종이를 붙였다. 다른 절들과 달리 좌우 양 칸에 문을 달고, 신발을 벗도록 하였다.

사진 173 옆모습
대숲이 둘러선 이 뒷간에 들면
누구라도 도를 깨칠 듯하다.

사진 174 살창과 만자투각
살창과 살창 사이에 만자를
투각하여 변화를 주었다.

가운데 복도 끝으로 '나올 때 신발 정리 문 닫기'라고 적은 쪽지가 보인다.

한쪽 칸에 변기를 앉힌 것도 특별하다. 화장지도 흰 그릇에 두었고, 구석에 비와 쓰레받기를 세웠다(사진 175). 벽에 걸린 좀 약은 좀 자체보다 냄새를 줄이는 구실을 할 것이다. 작은 선반과 뒤지가 있다.

한글로 쓴 다음의 상량문도 볼거리이다(사진 176).

龜 불기 二五三〇년 十월 十六일 기둥세우고 보올리다 龍

아래 칸에 두짝열개의 널문을 달고 상부와 한쪽 측면에 살창을 먹였다. 좁은 담이지만 기와를 나란히 박아 넣어 재치를 부린 것도 보통 솜씨가 아니다(사진 177).

사진 175 뒷간 도구
변기·비·화장지가 모
두 제자리에 반듯하게
놓였거니와 화장지를
그릇에 올려놓은 것이
눈을 끈다.

사진 176 상량문
상량문을 우리 글로
적은 것도 특징의
하나이다.

사진 177 뒷모습
암키와를 어긋나게 세
워서 변화를 꾀한 슬
기가 돋보인다. 문짝
또한 빈틈이 없다.

▶ 내소사(來蘇寺)

전라북도 부안군 내소사에는 재래식과 현대식 뒷간이 나란히 있다(사진 178). 새 뒷간을 지으면서 옛 것을 그대로 둔 것이다. 몰려드는 관광객을 위해 옛 것을 살렸을 것이다.

옛 것은 두 칸(750×404센티미터) 규모이며, 맞배 지붕에 기와를 얹었다. 길에서 입구까지 축대를 쌓아 연결하고, 안에는 우물 마루를 놓았으며, 나머지 한 간의 다락집만 뒷간으로 꾸몄다. 전면과 측면의 상인방과 중인방 사이에 살창이 있어 통풍을 돕는다. 벽은 모두 널벽이고, 좌우 양끝의 보와 합각 사이도 터놓았다.

뒷간은 남녀 칸으로 나누고, 따로 문을 달았다. 출입구 쪽이 남성 칸(사진 179), 안쪽이 여성 칸이며 가운데에 널벽을 쳤다(사진 180). 남녀 칸은 각기 네 사람이 들어간다. 칸막이 널벽 높이는 2미터로, 어느 절간의 것보다 높다. 바닥 구멍은 복숭아 꼴이다(사진 181). 냄새를 빼려고 건물 아래 칸 전면에 대를 촘촘히 세워서 벽으로 삼았다.

새 뒷간 규모는 814×400센티미터이다. 절간에 어울리도록 따로 설계한 것이 아니라, 요즈음 어디에서나 볼 수 있는 공중변소 그대로이다. 맞배지붕에 기와를 얹고 시멘트 기둥에 벽돌담을 둘렀다. 남녀 칸에 모두 출입문을 달고 똥 칸에도 문을 붙였다. 한쪽에 세면기를 시설한 것도 같다. 남자 칸에는 네 개의 소변기를 두었으며, 여성 칸에는 똥 칸 2개소를 덧붙였다. 건물 뒤에 정화조를 묻었다.

사진 179 남자 칸 안 모습

사진 181 바닥 구멍

사진 180 남자 칸(오른쪽)과 여자 칸
남자 칸 쪽 표지물은 여성용으로 인식되기 쉽다. '여자용'이라고 따로 써 놓은 까닭도 이에 있을 것이다.

```
 0    1   2        4
```

그림 11 뒷간 평면도

사진 182 개심사 뒷간
오른쪽의 가랑잎광을 이제는 헛간으로 쓴다. 더 이상 가랑잎으로 뒤를 닦지 않기 때문이다.

▶ 개심사(開心寺)

개심사는 충청남도 서산군 운산면에 있다. 일반 절간도 그렇지만 특히 선종(禪宗)에서는 뒷간에 드나드는 일도, 수행의 과정으로 삼아 엄격한 규범을 지킨다. 뒷간에서 웃거나 큰 소리를 내지 않고, 안에 누가 있는지 알려고 문을 가볍게 두드리는 예절도 이에서 나왔다.

이 절의 '입측오주(入厠五呪)'도 선종의 대표적인 계율의 하나이다. 오주는 세정(洗淨)·세수(洗手)·거예(去穢)·정신(淨身)·무병수(無甁水)의 다섯 가지를 가리킨다. 곧 세정은 뒷간을 깨끗이 함이요, 세수는 똥을 누고 똥구멍을 씻은 왼손을 닦음이요, 거예는 몸에서 빠져나가는 똥·오줌과 함께 마음의 찌꺼기를 버림

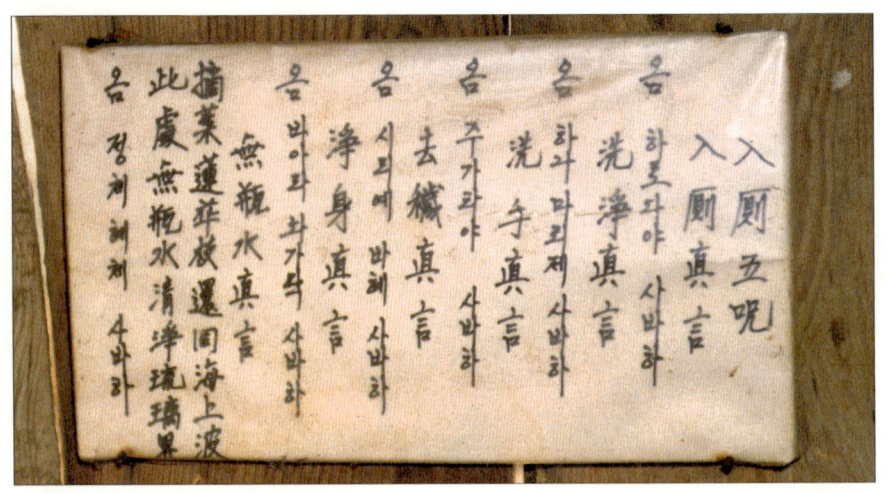

사진 183 남자 칸 안쪽 널벽에 붙인 입측오주
선종에 딸린 절에서는 스님들이 뒷간을 깨끗이 하고, 왼손으로 항문을 씻으며, 마음의 찌꺼기를 버리고 몸을 완전히 깨끗이 한다는 등의 다섯 가지를 똥·오줌을 누면서 읊조린다.

이요, 정신은 이 과정을 마침으로써 몸이 완전히 깨끗이 됨이다. 마지막의 무병수는 여행 중이거나 하여 뒷물을 할 수 없는 경우, 이를 읊조림으로써 물로 닦은 것과 마찬가지가 된다는 의미이다. 이들 다섯 가지의 앞뒤와 중간에 산스크리트어의 주문이 들어 있다. 사진 183은 남자 칸에 붙인 입측오주이다.

入厠五呪

入厠眞言
옴 하로다야 사바하

洗淨眞言
옴 하나 마리제 사바하

洗手眞言
옴 주가라야 사바하

去穢眞言
옴 시리예 바혜 사바하

淨身眞言

사진 184 뒷간으로 이르는 길
속세에서 벗어나 부처의 세상으로 들어가는 느낌을 준다.

사진 185 가랑잎 광

사진 186 여자 칸과 남자 칸(오른쪽)

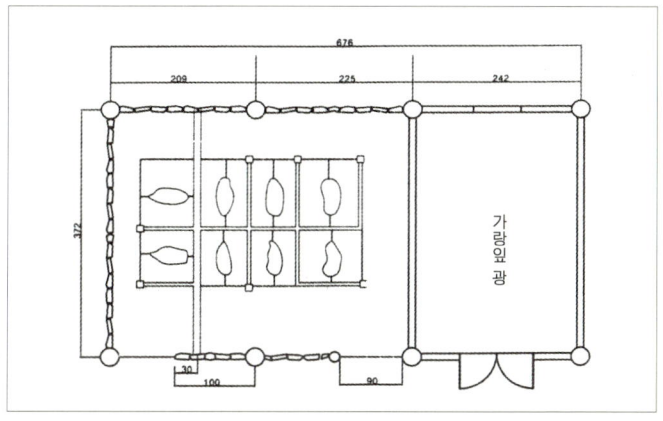

그림 12 뒷간 평면도

사진 187 남자 칸의 안 모습

사진 188 남자 칸의 가랑잎 자루(오른쪽)

옴 바아라 뇌가닥 사바하

    無瓶水眞言

    摘葉蓮華枝 還同海上波

    此處無瓶水 淸淨琉璃界

옴 정체혜체 사바하

무병수 뒤에 이어 붙인 한시의 내용은 대체로 다음과 같다.

연꽃 가지에서 잎을 따서 바다 물결에 띄워 보내나니
비록 뒷물을 못 했어도 유리 청정계처럼 깨끗하구나.

오주는 말 그대로 '진언(眞言)'인 까닭에 세속에 묻혀 사는 보통 사람은 그 뜻
을 알기 어렵다. 처음부터 불도를 닦는 이들을 위해 마련한 탓이기도 하다. 여자 칸
에는 이상하게도 입측오주가 보이지 않았다. 무슨 특별한 뜻이 있는가 싶어, 스
님을 찾아가 공손히 물었다.
"입측오주가 여자 칸에는 왜 없습니까?"

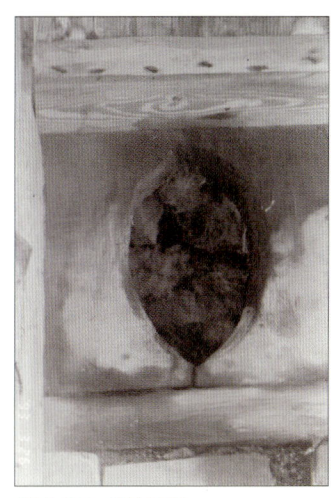

사진 189 바닥 구멍
복숭아 또른 여음(女陰)을 떠올리게
한다.

사진 190 뒷간 측면
똥·오줌은 조금씩 아래쪽의 대숲으
로 흘러 내려가서 거름이 된다.

내 얼굴을 한 동안 유심히 살피던 상대는

"안 붙였으니까 없지요."

내 쏘았다.

이야말로 우문(愚問)에 현답(賢答)이로구나 싶은데, 뒤이어

"아, 거기까지 들어갔습디까?"

따지듯 묻는 것이었다. 절간의 뒷간, 그것도 여자 칸까지 뒤지고 다니는 이 작자
는 도대체 누구인가 하는 눈치였다.

"아니요. 그저⋯⋯"

우물쭈물 꽁무니를 빼는 수밖에 없었다.

개심사처럼 아담하고 깨끗한 절도 드물지만, 뒷간 또한 이만큼 떨어진 한적한
데 있다. 이곳으로 이르는 길 한 쪽으로 숫키와를 일매지게 엎어놓고 좌우 양쪽
에 회양목을 가꾸어서 유리 청정계가 바로 여기로구나 하는 느낌을 준다(사진
183).

뒷간 규모는 전면 세 칸, 측면 한 칸으로 지붕은 함석지붕이다. 왼쪽 두 칸이
뒷간이고, 나머지 한 칸은 가랑잎 광이다(그림 12·사진 185). 뒤를 닦을 가랑잎
을 두는 광을 따로 마련한 곳은 매우 드물다. 광 전면에 두짝열개의 판문(105×

127센티미터)을 붙이고, 뒷벽에 창(68×67센티미터)을 냈다. 이곳을 제외한 나머지 공간의 벽은 모두 널벽(높이 180센티미터)이며, 도리와 벽 사이는 50센티미터쯤 터놓았다.

반 칸을 터놓고 문 대신 쓴다. 현재 남자용인 가운데 칸은 본디 여자용이었고, 남자들은 왼쪽 끝 칸을 썼다. 초기에는 여자가 많았으나, 근래 남성 관광객이 늘어나면서 바꾼 것이다(사진 186). 처음부터 남자 칸을 너르게 잡은 선암사와 대조적이다. 남성 칸 왼쪽 널벽을 여자 칸으로 들여 친 까닭에, 똥 누는 자리가 둘로 줄어든 반면, 남자 칸은 여섯으로 늘었다. 남녀 간 사이에도 벽을 치지 않고 널을 나란히 세웠을 뿐이다.

여자 쪽 칸막이 높이는 100센티미터, 남자쪽은 93센티미터이다(사진 187). 가랑잎 자루를 남자 칸에는 동북쪽에(사진 188), 여자 칸에는 입구 오른쪽에 두었다. 바닥 널 구멍은 가운데가 벌어져서 복숭아를 연상시키며(사진 188), 똥·오줌은 비탈 아래의 대숲 쪽으로 흘려보낸다(사진 190).

▶ 고란사(皐蘭寺)

입측오주는 흔히 한문으로 적지만, 삼천궁녀가 몸을 던졌다는 부여 낙화암 절벽 중간에 위치한 고란사에는 우리말로 풀어놓았다. 더구나 현대식으로 지은 뒷간에 이를 마련한 것은 특이하다. '뒤 볼 때 마음'이라는 제목에 이어, 다음 내용이 적혀 있다. 띄어쓰기와 맞춤법은 본디 대로 따랐다(사진 191).

(入厠偈大小便時當願衆生棄貧嗔癡蠲除罪業)
　　변소에 들어서면 외운다.
입칙진언 옴하로다야 사바하(七번)
　　다음은 대소변을 볼때마음에 생각 한다.
"내몸에있는 모든병과 근심걱정이 대소변과 함께빠져지이다. 하고마음으로 관하며 내 마음에 탐욕진심어리석음도 모두 대소변과 함께 빠져버리고 이몸과 이

사진 191 '뒤 볼 때 마음'
입측오주를 친절하게도 우리말로 풀어썼다. 중생을 위한 정성이 지극하다. 뒷간 청소를 한 달에 다섯
번 하면 "반드시 일생에 의식이 자족하리라"라는 내용은 마음에 와 닿는다.

마음이 깨끗하여지이다. 하고관 한다.

　　다음주문을 七번식속으로염한다.

　세정진언. 옴. 하나마리제 사바하(洗淨)

　세수진언. 옴. 주가라야 사바하(洗手)

　거예진언. 옴. 시리예바혜 사바하(去穢)

　정신징언. 옴. 바아라뇌가닥 사바하(淨身)

　무병수진언 적엽지 환동해상파

　　차처무병수 청청유리계

　　옴 정체혜체 사바하

※여타주의. 가래와 침을 함부로밷지말고

　　대소변을 바로보되 밑을보지말고

　　이를 다물고 글쓴 종이는 삼가할것

　　벽엔 낙서 하지말고 조용히 누고나가되

　　들어 설 때는 노-크하고 나올때는 문을 꼭닫을것

　인과경약초팔만세 행경에 가라사되

　　뒷간소제하는 날은 매월一일五일十五일

사진 192 백마강이 내려다 보이는 낙화암 절벽에 세운 뒷간
더 바랄 수 없이 그럴듯한 자리이다.

사진 193 절에서 뒷간으로 이르는 길
절에서 저만큼 떨어져 있는 것이 흠이라면 흠이지만, 오며
가며 마음을 다잡는다면 이보다 나은 자리는 없을 것이다.

사진 194 뒷간모습
여자 칸을 드나들기 편한 쪽에 둔 마음 씀씀이가 고맙다.

二十일 二十九일하라. 이날뒷간 소제하는
집은 반듯이 일생에 衣食이 自足하리라. 하시고
오주를 외우고 실천하는 사람은 善神이 항상 두호할것이니
모두 힘써 실천 할지니라.

똥·오줌이 빠져나가듯이 여러 가지 병과 근심·걱정·탐욕·어리석음이 모두 없
어져서 마음이 깨끗해지기를 바라는 탄원은 감동적이다. '여타 주의' 이후의 내
용은 진언과는 무관한 것으로, 절에서 덧붙여 넣은 것이다. 열아홉째 줄의 '이를'은
'입을'의 잘못이다. 초등학생에게나 어울리는 내용도 없지 않지만, '글 쓴 종이를
삼가며, 들어설 때는 '노- 크' 하고, 한 달에 다섯 번 뒷간 청소를 하면 의식이 풍
족하리라'는 대목은 눈을 끈다.

절터가 좁아 뒷간을 멀리 떨어진 절벽에 세운 까닭에(사진 192·사진 193), 고
요히 흐르는 금강이 발치 아래로 보인다. 이보다 더 나은 뒷간 자리는 없을 것이다.
더구나 금강에 띄운 배에서 올려 보면 '명당이로구나' 하는 찬탄이 절로 인다(사진
194).

사진 195 마곡사 뒷간
다른 데에 현대식을 지으면서 아쉽게도 이 뒷간을 헐어 버렸다. 우리는 어째서 제대로 지은 옛적 뒷간
하나를 간수할 줄 모르는가 하는 아쉬움이 앞선다.

▶ 마곡사(麻谷寺)

　충청남도 공주군 마곡사의 뒷간도 선암사나 송광사처럼 다락집으로 꾸몄다. 규
모는 전면 세 칸, 측면 한 칸이며 맞배지붕에 기와를 얹었다. 벽은 널벽이다(사진
195). 입구 오른쪽 기둥에 흰 바탕에 검은 글씨로 '대변소·WC'라고 쓴 쪽 널
을 붙이고, 이어 검은 바탕에 흰 글씨로 '여자용'이라고 적은 판자를 걸었다. 왼쪽
기둥에도 '남자용'이 보인다.

　본디 여자 칸 전면 널벽 아래쪽에 좁고 긴 네모꼴 구멍을 내었으나 근래 막았
다. 남자 칸 위와 뒤에도 같은 구멍 세 개가 있다(사진 196). 이와 달리 앞쪽 구
멍을 여자 칸은 아래쪽에, 남자 칸은 위쪽에 뚫었다. 구멍 높이를 달리하면, 대류
현상이 생겨서 냄새가 잘 빠진다. 뒷면의 상인방과 중인방 사이를 터놓은 것도 마
찬가지이다.

　남녀 칸을 각 6칸씩 나눈 것은 개심사와 같지만(사진 197), 바닥 구멍은 좁고 길
다(사진 198). 선종의 뒷간 법식대로 한쪽 끝에 작은 선반을 매고 빗자루와 쓰레
받기를 얹어 놓았다(사진 199). 뒷면 아래쪽의 각 칸마다 문을 낸 것도 다른 절
과 다른 점이다(사진 200). 아쉽게도 이 뒷간은 헐려 나가서 다시는 볼 수 없다.

사진 197 안 모습

사진 198 바닥 구멍

사진 199 선반과 비

사진 196 네모꼴 창

사진 200 뒷벽 아래 문

사진 201 뒷모습

▶ 신원사(新元寺)

공주군 계룡면 신원사에서 동안거(冬安居)를 한 현각 스님의 경험담이다. 그는 예일대학에서 철학과 문학을 전공하고 독일 프라이부르크 대학과 하버드 대학원에서 종교철학을 공부하였다. 하버드 대학원 재학 중, 화계사 조실 숭산(崇山) 대선사의 설법을 듣고 출가해 1992년 한국에 왔다.

처음 경험하는 한국 사찰의 모든 것이 힘들었지만, 재미있는 것도 많았다. 나는 그렇게 먼 화장실은 처음 보았다. 선방에서 한 60여 미터는 떨어져 있었다.

화장실 경험은 나에게 완전히 충격이었다. 볼일(?)을 마치고 일어서면 문짝이 목 부근까지만 닿기 때문에 앞사람의 얼굴이 보인다. 그리고 콘크리트 바닥에 구멍만을 뚫어놓은 것이라 주저앉아서 일을 봐야 했다. 냄새도 냄새였지만, 추운 날씨에 볼일을 봐야 했기 때문에 매번 화장실에 오가는 일이 아주 귀찮았다.

바람이 많이 부는 날이면 엉덩이가 너무 추워서 오래 앉아 있을 수가 없었다. 심지어 어느 날은 볼일을 마치고 버린 휴지가 바람에 밀려 위로 날리기도 했다. 처음 겪는 일이라 좀 당혹스러웠다. 그 일을 겪고 난 뒤부터는 휴지가 바람에 날릴까 봐, 손을 좀 더 구멍에 깊이 넣느라 애를 쓰곤 했다. 화장실에 가는 일이 고역이긴 했지만, 나는 안거(安居) 기간 동안 나오는 음식이 너무 맛있어서 매번 과식을 했고 따라서 화장실에 자주 갔고 갈 때마다 좀 오래 앉아 있어야 했다. 그런 화장실을 보면서 한국이 후진국이라는 생각보다는, 이런 문화 때문에 한국 사람들이 아주 강한 의지를 가지게 된 것이라고 생각했다(현각, 1999;228).

한편, 아담스 하트 데이비스(Adams Hart-Davis)는 1997년에 낸 『썬더 풀러쉬 앤드 토마스 크레이퍼(Thunder, Flush And Thomas Crapper)』라는 책에, '한국의 절간(Korean monastery)' 항목을 두고 이렇게 적었다.

옛 승려와 옛 비구는 한국 절간에서는 일정한 양식에 따라 뒷간을 짓는다고 한다. 남성용과 여성용의 내부는 기본적으로 같다. 5칸 정도의 작은 공간이 등을 대고 나란히 나뉘어 있으며 각 칸 사이에 벽을 친다. 칸마다 측벽(側壁)은 있지만, 앞에 문 따위가 없어서 대번에 사람이 있고 없음을 알 수 있다.

변기는 없으며, 바닥 가운데에 널도 깔지 않는다. 똥·오줌을 누는 이는 바닥의 틈 사이에 벌여 앉으며, 배설물은 약 3미터 아래로 떨어진다. 뒤는 물·나뭇잎·종이·한 줌의 재·짚 등으로 닦는다.

바닥에 쌓인 오물이 거름으로 바뀌는 과정은 간단하다. 나뭇잎이나 짚의 층이 2~3일마다 바뀌며, 약 석 달 뒤 근처의 농부가 가져다가 밭에 준다. 뒷간의 환기가 잘 되어, 불쾌한 냄새는 나지 않는다.

외벽 상부는 살창인 까닭에, 쭈그려 앉은 채 밖의 아름다운 농촌 풍경을 즐길 수 있다. 벽에는 똥 누는 과정에 따라 읊조리는 글을 붙여 놓았다.

뒷간에 들어오기 위한 말

버려서 없애는 것 그리고 다시 버려서 없애는 것은 더 없는 즐거움. 세 가지 독(탐욕·분노·어리석음)을 함께 버릴 수 있도록, 그리하여 내 몸을 악행으로부터 지킬 수 있도록 하여지이다.

옴·하로다야·사바하(세 번)

몸을 씻기 위한 말

비워서 깨끗이 함은 더 없는 기쁨. 꿈이 현실로 되어 간다. 우주 만물이 빠르게 정토에 이르도록 간절히 빈다.

손을 씻기 위한 말

물은 어떤 업화(業火)도 꺼뜨린다. 내 눈이 타고, 귀가 타고, 마음이 타오른다. 부처 가르침의 맑고 찬물이야말로 업화를 끄는 유일한 수단이다.

옴·주가라야·사바하(세 번)

몸에서 더러움을 버리기 위한 말

이 더러움을 씻어 버리듯이 번뇌를 씻어 버리자. 마음이 깨끗해짐에 따라 정신이 평온해 진다. 내 생애의 소원은 티끌 하나 없는 피안으로 가는 것 뿐.

옴·사리야에·바히에·사바하(세 번)

이 절이 어디 있는지 작자의 설명이 없는 것이 아쉽다. 입측오주의 내용도 앞의 것들과 크게 다르다.

▶ 해인사

경상남도 합천군 해인사(海印寺) 뒷간에는 해인총림률원(海印叢林律院)에서 편집한 입측오주를 붙였다. 우리말로 풀어 3·4·5조로 꾸민 까닭에 읊조리기 편하다.

1. 입측진언(입측진언 : 화장실에 들어가 편히 앉아서)
버리고 또버리니 큰기쁨일세
탐진치 어둔마음 이같이버려
한조각 구름마저 없어졌을때
서쪽에 둥근달빛 미소지으리

옴 하로다야 사바하(세 번)

2. 세정진언(洗淨眞言 : 왼손으로 뒷물 하면서)
비워서 청정함은 최상의행복
꿈같은 세상살이 바로보는길
온세상 사랑하는 나의이웃들

청정한 저국토에 어서갑시다

옴 하나마리제 사바하 (세 번)

3. 세수진언(洗手眞言 : 손을 씻으면서)
활활활 타는불길 물로꺼진다
타는눈 타는경계 타는이마음
맑고도 시원스런 부처님감로
화택을 건너뛰는 오직한방편

옴 주가라야 사바하(세 번)

4. 거예진언(거예진언 : 더러움을 몽땅 버리고)
더러움 씻어내듯 번뇌도씻자
이마음 맑아지니 편화로움뿐
한티끌 더러움도 없는세상이
이생을 살아가는 한가지소원

옴 시리예바혜 사바하(세 번)

5. 정신진언(淨身眞言 : 내 몸 이제 청정신이 되었네)
한송이 피어나는 연꽃이런가
해뜨는 푸른바다 숨결을본다
내몸을 씻고씻은 이물마저
유리계 푸른물결 청정수되라

옴 바아라 뇌가닥 사바하(세 번)

오주(五呪)를 읊조리기 쉽게 부드러운 글로 풀어놓고 똥·오줌 누는 일을 해탈의 차원까지 끌어올렸다. 뒷간이 아닌 다른 데서도 되새겨 볼만하다. 개심사의 '무병수 진언'이 빠진 것은 일반 대중용이기 때문이다.

세정진언의 '왼손으로 뒷물을 하면서'는 설명이 필요하다. 불교도 뿐 아니라 인도·인도네시아·중동·네팔 등지의 모슬렘 세계에서도 좌우의 손을 엄격하게 구분한다. 오른손을 존귀하게, 왼손을 천하게 여겨서, 음식은 반드시 오른손으로 먹고 왼손으로는 뒷간에서 밑을 닦는 등 부정한 일에 쓰는 것이다. 왼쪽보다 오른쪽을 높게 보는 관념은 우리네 일반에도 퍼졌다. 바른 일, 바른 사람, 바른 길 따위의 낱말이 그것이다. 이에 견주어 옳지 않은 정치를 좌도(左道), 좋지 않은 자리로 옮기는 것을 좌천이라 일컫는다.

밑을 닦을 때에는 왼손을 쪽박처럼 오므려서 두 다리 사이로 넣은 다음, 오른손의 물그릇을 기울여 물을 따른다. 처음에는 똥구멍을 닦고, 두 번째는 손바닥으로 물이 묻은 엉덩이 부분을 훔쳐내며, 이를 '왼손 뒷물'이라 이른다. 흔히 물그릇이나 깡통을 가지고 들어가지만, 한쪽에 물확을 따로 마련해 두기도 한다.

▶ 불국사(佛國寺)

우리는 수세식 변기를 서양의 전유물로 알지만 불국사에서도 썼다. 비로전(毘盧殿) 옆에 모아놓은 넷 가운데(사진 202) 하나가 그것이다(사진 203).

크고(64 × 84센티미터) 두툼한(높이 20센티미터) 돌 가운데를, 참외 꼴(길이 46센티미터, 가운데 너비 22센티미터)로 파내고, 바닥 앞쪽에 구멍(지름 5센티미터)을 뚫었다. 일을 본 뒤 물을 부어 구멍으로 흘려보낸 것이다. 간편하기로는 궁중의 매화틀이 으뜸이지만, 만든 공력을 생각하면 불국사 중들이 임금 보다 더 큰 호사를 누린 셈이다. 나머지 셋은 모두 양쪽을 따로 다듬어 붙인 재래식이다. 이 가운데 두 개 좌우 양쪽에는 두터운 나무를 걸치기 위한 좁은 턱을 붙였다.

사진 202 변기들

이들을 깍아 만드는 데에 든 공력을 생각하면, 이 절 중들은 임금보다 더한 호사를 누린 셈이다. 특히 사진 210을 보면 벌어진 입이 다물어지지 않을 정도이다. 중국에서도 일본에서도 이 같은 변기는 쓰지 않았다. 변기가 이러하니 뒷간의 사치는 또 여떠하였을 것인가?

사진 203 수세식 변기

수세식 변기를 서양에서만 쓴 것은 아니다. 우리네 불국사에도 이것이 있었다. 똥·오줌을 누고 나서 물을 부으면 앞쪽의 구멍으로 흘러나간다.

사진 204 변기

사진 205 큰 변기

사진 204는 기름한 돌의 한쪽을 조금 너르게 파고, 좁은 홈을 냈다. 여성용 소변기로 보기에는 바닥이 얕고 홈은 지나치게 길다. 앞의 수세식 변기에 딸렸던 홈돌일지도 모른다. 여러 개 가운데 이것만 남았는지, 본디 하나뿐이었는지 궁금하다.

사진 205는 재래식의 대형 변기이다. 두터운 테를 두르고 바깥쪽 모서리의 살을 발라내는 등 정성을 기울였다. 크기로 말하면 세계에서 가장 큰 돌 변기임에 틀림없다. 뒷간 자체도 웅장하고 화려하였을 것이다.

▶ 쌍계사(雙磎寺)

쌍계사에는 스님 전용 뒷간이 있다(사진 206). 관광객이 늘어난 탓에 따로 세운 것이다. 맞배지붕에 기와를 얹었지만, 뼈대는 시멘트이다. 처음에는 벽에 뒷간이라고 썼다가, 속인들 등쌀에 지워버렸다. 지금은 좌우 양쪽에 '일반인 출입 금지'라는 표지판을 세워놓았다. 이 표지를 보고 오히려 궁금해져서 들어가 보았더니 뒷간이었다.

사진 206 스님 전용 뒷간
쌍계사에서는 절 식구들을 위한 뒷간을 따로 마련하였다. '화장실'이라고 써 놓으면 속인들이 몰려
들 것이어서, '출입금지' 팻말만 세웠다. 그러나 나는 오히려 궁금증이 일어서 일부러 들어가 보았다.

들어서서 오른 쪽으로 오줌 누는 데를 따로 마련하였다. 소변기를 달지 않아서
냄새가 난다. 그러나 안쪽에 붙인 세면기는 다른 절에 없는 것이다. 세면기 아래의
뒷물 그릇도 눈여겨보아야 한다(사진 207). 그리고 벽에 통 대를 이어 만든 횃대
에 걸린 두 장의 수건과(사진 208), 안쪽 살창에 고정시킨 작대기에 화장지와 웃
옷이 걸린 것도 볼거리이다(사진 209). 이로써 선종을 우리나라에서 처음 받아
들인 절의 뒷간다운 면모가 살아난 셈이다.

문 안쪽에 붙인 입측오주는 개심사 것과 같으나, 뒤에 다음 구절이 이어진다.

입측오주(入厠五呪)

······································

······································

대소변시 당원중생 기탐진치 견제죄업

(大小便時 當願衆生 棄貪시痴 蠲除罪業)

수집양지 당원중생 개득묘법 구경청정

(手執楊枝 當願衆生 皆得妙法 究竟淸淨)

사진 207 소변대와 세면대

사진 208 수건 횃대

사진 209 옷걸이

작양지시 당원중생 기심청정 서재번노
(嚼楊枝時 當願衆生 其心淸淨 筮在煩瑙)

돌아와 새겨 보았지만, 도무지 통하지 않는 데가 있었다. 첫째 '견제죄업'의 '고치 견(繭)'과, 둘째 '서재번뇌'의 '점칠 서(筮)', 셋째 번뇌의 '뇌'가 '마노 노(瑙)'인 점 등이었다(둘째 줄의 '개(皆)'도 '게'로 적혔다). 이 밖에 뒷간진언(眞言)에 칫솔 운운하는 대목도 의문이었다

종무소에 전화를 걸었으나, 작성자 반산스님이 토굴에서 정진 중이어서 통광(統光)스님과 이야기를 나누었다. 『화엄경』 내용이 순서가 바뀌고, 몇 글자가 잘못된 것을 알았다. 다음이 올바른 내용이다.

수집양지(手執楊枝) 당원중생(當願衆生)

개득묘법(皆得妙法) 구경청정(究竟淸淨)

작양지시(嚼楊枝時) 당원중생(當願衆生)

기심조정(其心調淨) 서재번뇌(噬在煩惱)

대소변시(大小便時) 당원중생(當願衆生)

기탐진치(棄貪嗔痴) 견제죄업(蠲除罪業)

'대소변시' 운운은 뒷간에 붙이기에 앞에 내세웠을 것이다. 그리고 셋째 귀 이후의 양치질에 관한 것은 뒷간과 큰 관련이 없지만, 몸과 마음을 깨끗이 한다는 뜻에서 덧붙였을 것이다. 한편, 이 글이 인쇄물인 점을 생각하면, 다른 절에도 퍼졌을 가능성이 적지 않다.

다음은 무비(無比)스님이 편찬한 『화엄경』 2(제 11, 정행품)의 내용이다(무비, 1994;337).

대소변을 보고 세수할 때에 마음 쓰는 법

손으로 양칫대를 잡을 때에는

마땅히 중생이 모두 묘한 법을 얻어서

구경에 청정하기를 원할지어다.

양칫대를 씹을 때에는

마땅히 중생이 그 마음이 고르고 깨끗하여

모든 번뇌 씹기를 원할지어다.

대소변을 볼 때에는

마땅히 중생이 탐진치를 버려서

죄업(罪業)을 깨끗이 없애기를 원할지어다.

이 글에 '중생'이 있어, 읊조리는 주체가 승려인지 속인인지 궁금하였다. 통광스

사진 210 뒷간 뒷모습
가운데 널벽에는 십자꼴을, 나
머지 벽에는 일자꼴 창을 내어
싸다.

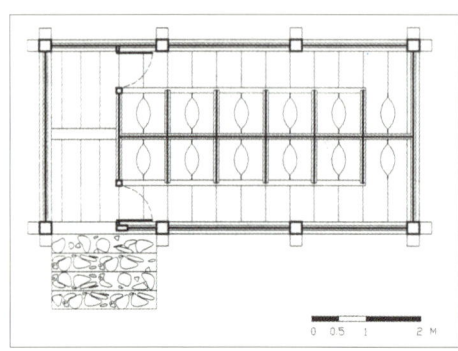

0 0.5 1   2 M

그림 13 뒷간 평면도

님의 대답이다. "사람은 누구나 우주 만물의 중심이다. 마찬가지로 입측오주를 읊
조리는 그 사람이 주인공이다."

'탐진치'는 욕심(貪)·성냄(嗔)·어리석음(癡) 세 가지이다.

▶ 보덕사(報德寺)

강원도 영월읍 보덕사 뒷간은 옛 모습 그대로이다(그림 13 · 사진 210).

정면 한 간, 측면 3간 규모의 다락집으로, 1882년에 개축하였다. 다음은 상량문
이다.

사진 211 선반
사진 213 바닥 구멍

사진 212 남자 칸 안 모습
사진 214 십자꼴 창

龍盤光緒八年壬午四月初十日酉時入住上樑伏願上樑之萬事如意亨通
龜跪

　"모든 일이 마음먹은 대로 이루어지도록 도와주소서(萬事如意亨通)"라는 대목은 절간의 것이라기보다 살림집 상량문 그대로이다. 목수가 나름대로 적어 넣은 듯 하다.

　입구의 층계 옆에 톱밥을 모아 놓았다. 똥·오줌에 버무리기 위한 것이다. 뒤쪽 가운데에 두짝 열개의 널문을 달았으며 한쪽에 냄새를 빼기 위한 구멍을 내었다. 들어서서 오른 쪽이 남성 칸이고 뒤쪽이 여성 칸이다. 입구에 각기 문을 달았지만 실용성은 없다. 마곡사처럼 입구 왼쪽에 걸린 선반(사진 211)에 쓰레받기 따위를 올려놓는다. 내부는 12칸으로 나누었으며(사진 212), 바닥은 가운데를 반달꼴로 도려낸 널쪽 두 개를 이어 붙였다(사진 213). 사방의 널벽 가운데에 네모꼴 구멍을, 뒤쪽 중앙부에는 십자꼴 구멍을 팠다(사진 214).

6. 궁궐의 뒷간

사진 215 연경당의 왼쪽 담
문화재청에서 마련한 연경당 배치도에 따르면 왼쪽 끝의 나무 부근이 뒷간 자리가 된다. 밤에 궁녀가 뒷간에 갈 때, 무서움을 덜려고 둘씩, 셋씩 짝을 지었다는 이야기는 이에서 나왔을 것이다.

사진 216 대조전 뒷간

▶ 궁궐의 뒷간

『고려사』에는 뒷간을 탈출구로 삼았다는 기사가 셋 있다.

첫째, 박심조(朴深造)가 이자겸(李資謙)의 난 때, 궁중의 뒷간(宮溷) 구멍(竇)으로 빠져나가 똥물이 흐르는 채, 이자겸의 집으로 달려가 궁중 사태를 알렸다(제125권 열전 권제38).

둘째, 왕의 문초를 받던 권한공(權漢功)이 뒷간 구멍(厠竇)으로 달아나다가 다시 잡힌 뒤, 옥에서 '천하가 넓지만 내 몸 하나 둘 데가 없다'는 탄식을 늘어놓자, 이진이 '뒷간 구멍이 좋지 않소?' 비꼬았다(제125권 열전 권제38).

셋째, 뒷간 구멍(厠竇)으로 빠져나간 김종연이 아들 김백균·김맹균·김중균 및 여러 종과 달아나서 성안을 사흘 동안 뒤졌으나 잡지 못하자, 경비를 허술히 한 죄를 물어 영사(令史)를 참형에 처하고, 진무(鎭撫) 이사영을 순군에 가두었다(제104권 열전 권제17).

『조선왕조실록』에도 같은 내용이 있다.

연산군이 쫓길 때, 그보다 먼저 달아난 신하에게 벌을 주어야 한다는 상소이다.

(전략) 반정하던 날 폐주(廢主)가 맨발로 옷을 붙잡는 데도 소매를 뿌리치고 나간 자가 있는가 하면, 혹은 수구(水口)로, 혹은 뒷간(厠) 구멍으로 몰래 도망쳐 나갔다니, 이런 유(類)들은 징계하는 법을 보여주어야 합니다(『중종실록』 4년 〔1509〕 9월 5일).

정사에 싫증을 느낀 임금은 더러 뒷간에 간다는 핑계를 대고 대신을 따돌렸다.

연산은 (전략) 손중돈(孫仲暾) 후원의 일을 끄집어내자, 뒷간에 간다는 핑계를 대고 들어가 버렸다(『연산실록』 3년 〔1497〕 7월 1일).

숙종도 마찬가지였다. 이에 대한 사관의 비판이다.

오늘 일은 자못 개탄스럽다. 무릇 (임금에게) 아뢸 때 미처 식사를 못하였거나, 뒷간(厠)에 가면 여러 신하에게 잠시 물러가라 이르지만, 그 동안은 매우 짧다. 그러나 오늘의 인대(引對)는 아뢴 것이 반도 되지 않아 갑자기 '물러가라' 하고, 사시(巳時)에서 오시(午時)가 지나도록 아무 말이 없었다. 대신들이 전(磚) 돌에 참새처럼 늘어선 까닭에, 기운이 떨어지고 몸이 지쳐 거의 예모(禮貌)를 잃은 뒤에야 비로소 들어오라 하였다. 임금이 대신을 예우하지 않음을 이로써 알 수 있다. 어찌 통탄스러움을 견디겠는가?(『숙종실록』 33년 〔1707〕 1월 25일).

'사시에서 오시'는 오전 아홉 시부터 오후 한 시까지이다. '오시가 지났다'고 하였으므로, 네 시간이 더 된다. 더구나 한 겨울에 이처럼 긴 동안, 밖에 서 있는 것은 매우 힘들다. "참새처럼 늘어선 까닭에 기운이 떨어지고 몸이 지쳤다"는 말은 과장이 아니다. 임금도 사정을 몰랐을 리 없다. 대신들의 진을 빼려고 짐짓 모른 체 하였을 터이지만, 임금다운 처사는 아니다.

앞의 두 기사 가운데 "혹 뒷간에 간다"는 내용은 눈을 끈다. '뒷간'이 매우틀을 가리키는지, 말 그대로 뒷간인지 분명치 않으나 글 내용으로 미루어 '뒷간'으로 보아도 좋을 것이다. 따라서 임금이 언제나 매우틀을 쓰지는 않은 듯하다.

위험이 닥치면 뒷간으로 달아났다. 조선 태조 7년(1398) 8월 26일, 제1차 왕자의 난으로 정도전·남은·심효생 등이 숙청당할 때, 뒤에 태종이 된 정안군은 뒷간으로 피해 들어갔다.

(전략) 화(和)·제(濟)·종(悰) 등은 먼저 안으로 들어갔다. 그러나 정안군은 배가 아프다 핑계하고, 서쪽 행랑문밖으로 나와 뒷간(廁)에 들어가 앉아서 한참 동안 생각하고 있었다. 이때 익안군과 회안군 등이 달려 나오면서 그를 두 번이나 부르자, "여러 형님들은 어찌 큰 소리로 부르는가?" 대꾸하였다. (하략)

숙종 때도 같은 일이 있었다.

조선시대의 궁궐 뒷간은 매우 허술하였다.

세종 때 미친 할멈이 뒷간(廁) 구멍으로 들어와서 사약(司鑰) 한득경(韓得敬)이 파면되는 사건이 일어났다(『세종실록』 4년 〔1422〕 1월 17일). 자세한 내용은 알 길 없지만, 담 곁에 세운 뒷간 구멍으로 들어왔을 것이다.

성종 때는 자수궁(慈壽宮)의 뒷간이 흘러넘쳤다.

임금이 '선왕의 후궁이 거처하는 자수궁은 지세가 낮고 습기가 차서 비가 조금만 내려도 번번이 넘쳐 뒷간(溷廁)의 물이 뜰 안으로 흘러 모인다. 내 마음이 어찌 편하겠는가? 다시 지으려고 한지 오래 되었으나, 공역(功役)이 큰 까닭에 미루다가 이제 옮겨 짓는다. 내가 토목 역사를 좋아하여, 잔치를 벌이고 노는 데로 삼으려는 것이 아니다'(『성종실록』 24년 〔1493〕 10월 7일).

자수궁은 광해군이 1616년에, 이른바 인왕산의 왕기설(王氣設)을 누르려고 서울시 옥인동에 지은 궁궐이다. 이때 인경궁(仁慶宮)과 경덕궁(慶德宮)도 부근에 함께 지었고, 경덕궁은 뒤에 경희궁으로 바뀌었다. '공역이 큰 까닭에 미루었다'는 것으로 미루어, 규모가 적지 않았음을 알 수 있다.

조선시대에는 뒷간에서 여러 차례 부정한 일이 벌어졌다.

단종 때 이순몽(李順蒙)의 서자 이석장(李石杖)은 아비의 첩을 간음하였다. 첩이 아이를 낳다가 발각되자 감옥에 가두었다. 그러나 옥중에 있으면서도 매양 뒷간(厠間)에 가서 간통하였고, 아이를 밴 것이 드러나 결국 장(杖)에 맞아 죽었다. 뒤에 여자가 옥에서 아이를 낳을 때 하나는 먼저 나왔으나, 또 하나는 한 쪽 손만 나오다가 어미와 함께 죽었다. 사람들은 '천도(天道)가 무심치 않다'고 하였다(『단종실록』1년〔1452〕6월 25일).

『중종실록』의 다음 기사는 이해가 어렵다.

성색(聲色)을 경계하여 폐총(嬖寵)을 멀리 하소서. (중략) 예로부터 임금의 마음을 고혹시킨 아름다운 여자는 비천한 데서 많이 나왔으며, 거기에 빠져 헤어나지 못한 이가 많습니다. 뒷간에서 한 번 가까이 함에 드디어 사랑을 받게 되었고, 창가(娼家)의 비천한 계집종도 궁액(宮掖)에 올랐습니다(12년〔1517〕7월 24일).

'뒷간에서 한 번 가까이 하였다'는 말은 의문이다. 성행위를 가리키는 듯하나, 임금이 그런 행위를 하였다고 보기는 어렵기 때문이다.

뒷간은 저주의 장소이기도 하였다.

(전략) 저주는 예이의 보모(保姆) 덕복(德福)이 주도하였고, 예환(豫環)과 신옥(信玉)이 따랐습니다. 대전 윤 상궁의 비(婢) 춘금(春今)이 은전(銀錢)을 뇌물로 받고 내응하여 저주에 필요한 물건을 몰래 받았습니다. 예이는 말(斗)보다 작은 포장을 두 번이나 보았고, 저주 방법은 모두 눈먼 여자(女盲)에게 배웠습니다. 매화나무에 쥐 찢어 걸기, 궐내 서쪽 담장에 흰 수캐 두기, 서쪽 담장에 개를 그린 백지 깔기, 보계(補階)에 죽은 쥐 버리기, 남쪽 계단에 죽은 고양이 두기, 오

미자(五味子) 떨기에 큰 자라 놓기, 우물에 마른 대구어(大口漁) 넣기, 동궁 남쪽 담장에 죽은 까치와 쥐 던지기, 동궁 담장에 돼지와 허수아비(羽笠人) 그리기, 대전 마루에 자라 묻기, 뒷간(厠)에 발과 날개 자른 까마귀 두기 따위였습니다 (『광해실록』 7년 〔1615〕 2월 18일).

선조 때 권진(權縉)도 이산해(李山海)와 홍여순(洪汝淳)을 미워하여 산사 (山寺) 뒷간(厠)에 이름을 붙이고 갈 때마다 저주하였으나, 급제한 뒤 이산해를 따르더니 다시 홍여순에게 붙어서 사람들이 모두 침을 뱉었다고 한다(『선조실록』 34년 〔1601〕 8월 13일).

뒷간은 군대의 질서를 재는 잣대가 되기도 하였다.

(동북면을 공격하던 태조의) 군대가 성 서쪽 10 리에 머물렀다. 이날 밤, 군영에 붉은 기운이 불길처럼 강하게 내리비치자, 일관(日官)이 진영을 옮기는 것이 좋다고 하였다. 군사를 들로 보내고, 각기 사졸들의 뒷간(溷厠)과 마구를 세웠다. 이틀 동안 이들의 뒤를 좇은 나하추는 "뒷간과 마구를 지었으니, 군대의 행진이 정제(整齊)할 것이다. 습격하지 말라" 이르고 돌아갔다(『태조실록』 권제1).

▶창덕궁의 뒷간

(1) 대조전(大造殿)

조선시대 궁궐 뒷간은 임금과 왕비의 침전인 창덕궁 대조전과 이에서 서북쪽으로 이어 붙인 경훈각(景熏閣) 그리고 연경당(演慶堂)에 남아 있다.

경훈각 뒷간(사진 217)은 2 분합문 아래에 두짝 판문을 달아 놓아서 밖으로 드러나지 않는다. 바닥 넓이는 94×145센티미터이다. 안쪽 위에 여염집의 그것처럼 모를 죽인 네모꼴(사진 218) 구멍이 있고(지금은 쥐가 드나들지 못하도록 널로 막았다), 왼쪽에 함석 환기통을 붙였다. 바닥의 끌개(30×61센티미터)에 똥

뒷간

사진 217 경훈각 뒷간

사진 218 바닥 모습

사진 219 끌개

· 오줌 그릇을 놓았다가 일을 보면 끌어내어 처리하였다(사진 219). 천장 높이가 70센티미터이므로, 그릇의 길이는 50~60센티미터일 것이다.

왕과 왕비의 침전인 대조전은 여러 번의 불로 본디 모습을 많이 잃었고, 경훈 각은 1920년에 경복궁의 만경전(萬慶殿)을 뜯어 옮겨지었다. 따라서 (일본식 의) 뒷간·목욕간·끌개 따위는 이때 들어왔을 것이다. 특히 같은 끌개를 19세기 중 반에 일본에서도 쓴 사실을 참고할 필요가 있다. 똥 냄새가 끼치는 것을 막으려 고 나팔꽃 모양의 원통(함석)을 달아놓은 것도 마찬가지이다.

대조전의 뒷간과 목욕실은 몸채 서쪽에 딸려 있다.

뒷간 설명이다.

융경헌(隆慶軒) 뒤로 복도가 있어 서온돌(西溫突)로도 통하고 반대로 서북 쪽으로 나 있는 화장실·세면실·목욕실로도 통한다. 이 같은 시설은 물론 1919년 새로 신축했을 때 처음으로 갖춘 문화 시설인 바, 재미있는 것은 대소변을 구별 하여 만든 두 칸의 화장실이 변기는 신식이나 수세식이 아니고 매우틀의 형식으 로 밑에서 받아내게 되어 있는 사실이다. 고 김명길 상궁이 생전 하던 말씀에 의하 면, 왕의 매우틀이 편전(宣政殿)과 안사랑(興福軒)과 침실(동온돌) 세 곳에 있

사진 220 바깥뒷간이 있는 행랑채 안쪽
대문에서 첫 간이 행랑방(또는 청직이방)이고 이어 2간의 마구와 한간의 가마고가 달렸으며 뒷간은 그 한쪽 끝에 있다.

사진 222 바깥 모습
똥·오줌을 퍼내는 구멍이 없는 것으로 미루어, 일을 보고 나면 그 자리에서 따로 처리하였으리라 짐작된다.

사진 221 바깥뒷간
두 개의 구멍 사이에 벽이 없을뿐더러
문도 달지 않았다.

었다고 하니, 이 화장실은 아마도 왕비가 낮에만 사용한 것으로 보인다(김용숙, 1987;175).

'수세식이 아니고 매우틀의 형식으로 밑에서 받아낸다'는 대목은 앞에서 든 경훈각의 것 그대로이다. 왕비도 밤에는 매우틀을 쓴 까닭에 '아마도 왕비가 낮에만 사용한 것으로 보인다'고 적었을 것이다. '소변용과 대변용을 따로 둔 것'은 일본식 그대로이다. 이 밖에 생과방(生果房)을 비롯한 서쪽 부속 건물 서너 곳에도 뒷간이 있다.

(2) 연경당

순조 때(1827) 지은 연경당 안뒷간의 위치는 분명치 않다. 평면도 셋이 다르기 때문이다. 그림 14의 연경당 평면도에는 안행랑채(평면도 작성자는 중문간 행랑채라 하였다) 서북쪽 끝, 곧 반빗간 앞에 있다. 두 칸 규모로, 안을 둘로 나누어서 동시에 넷이 들어간다. 그러나 문화재청에서 마련한 '연경당 배치도'에는 뒷간이 담 밖(안행랑채 동쪽 밖)에 있다. 반빗간 여인네들은 동남쪽 문으로 드나들고, 안채에서는 태정문을 썼을 것이다(사진 215의 가운데).

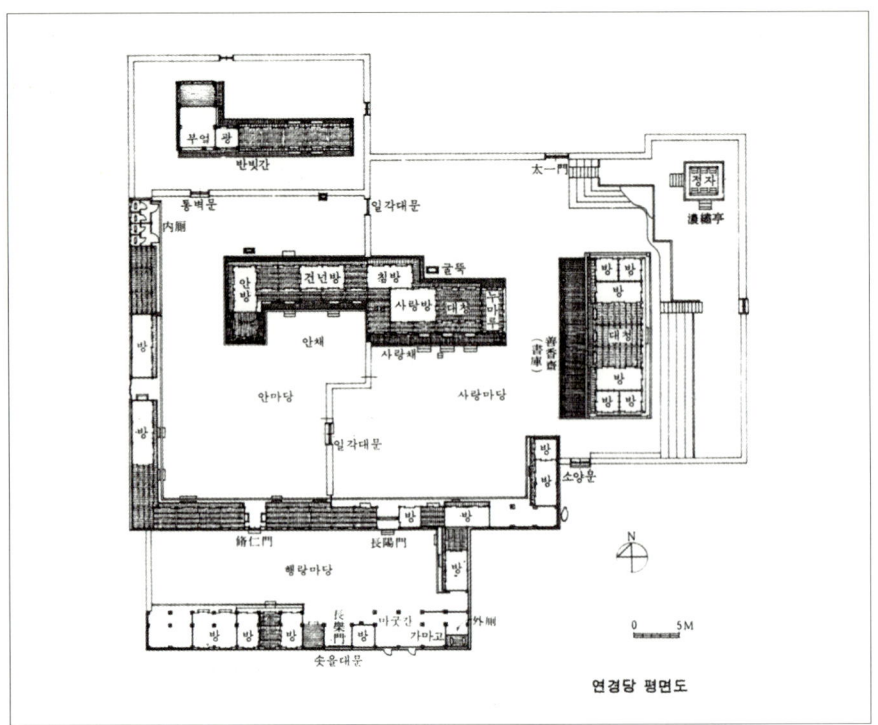

그림 14 연경당 평면도

이 평면도에는 안뒷간이 화살표 쪽에 있어 문화재청의 연경당 배치도나 동궐도의 위치와 차이를 보인다.

한편, 1824년에서 1827년 사이에 니온 『동궐도(東闕圖)』에는 그 자리에 '청(廳)'과 '방(房)'이 들어섰으며(그림 15), 담밖에도 뒷간이 없다. 다만, 행랑채에 딸린 바깥뒷간을 '청'으로 적었으므로, 앞의 '청' 도 뒷간일 가능성이 없지는 않다. 그러나 다른 데서는 측(厠)으로 적고, 오직 이곳에서만 청으로 적었다고 보기도 어렵다. 그림 14는 무엇을 바탕 삼았는지 궁금하다. 안행랑채 뒷간 자리는 방으로 바뀌고, 담 밖의 것도 자취가 없어서, 현재로서는 정확한 위치를 가려내기가 쉽지 않다.

바깥뒷간은 행랑채 대문(長樂門) 옆에 있다(사진 220). 사랑채에서 드나들 때는 반드시 안대문(長陽門)을 거쳐야 하는 만큼, 거리가 꽤 된다. 아마도 아랫사람들이 썼을 것이다. 한 공간에 바닥 구멍을 두 개 마련하고, 둘 사이에 벽을 치지 않았으며, 앞을 터놓은 점도 그렇다(사진 221). 대조전에는 이러한 뒷간이 없으며, 이 집의 안뒷

그림 15 동궐도의 연경당 평면도 부분

앞의 평면도와 달리 이 도면에는 뒷간이 아니라 방이 들어섰으며, 현재의 건물에도 방이 배치되었다. 따라서 안채에는 뒷간이 없는 것으로 되고 만다. 이와 달리 바깥 행랑채의 뒷간을 적어놓은 것을 보면 문화재청의 배치도대로, 안뒷간을 담 밖에 두었을 가능성도 없지 않다.

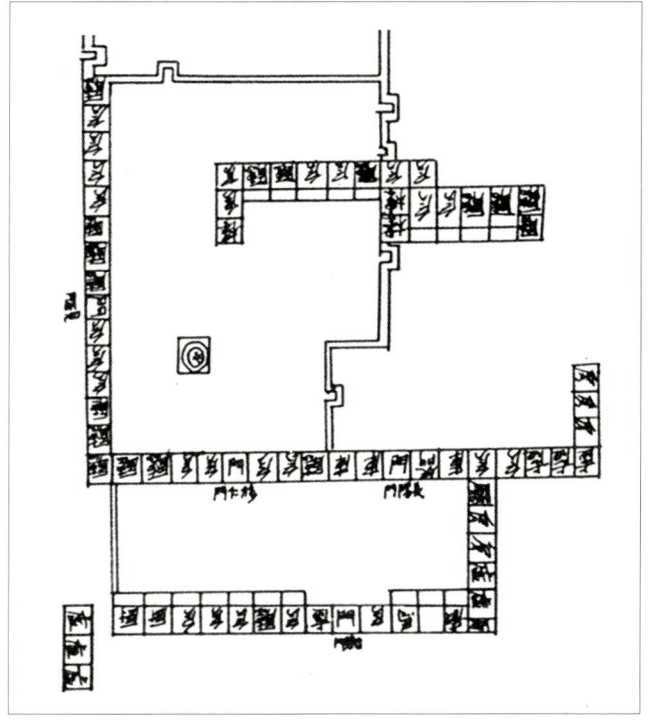

간도 마찬가지이다. 절간에서조차도 낮은 널벽을 세우는 데 비기면, 이만 저만한 파격이 아니다. 더구나 앞을 개방한다는 것은 생각조차 하기 어려운 일이다.

바깥쪽 벽(남벽)의 중인방과 도리 사이에 가로살창을, 대문 쪽 서벽에 세살창을 붙였다. 담밖에 똥·오줌을 푸는 구멍이 없는 점으로 미루어, 뒤를 보고 나서 들어낸 듯 하다(사진 222).

홍순민은 『북궐도형(北闕圖形)』과 『동궐도형(東闕圖形)』을 견주고, "경복궁 뒷간은 28군데(모두 51.5간), 창덕궁 뒷간은 21군데(모두 36간)에 있었으며, 대체로 단 칸이지만, 큰 것은 7칸에 이른다"고 하였다(홍순민, 1999;324). 그러나 실제로는 이보다 더 많았을 것이다.

궁궐의 뒷간이 사용 인원에 비해 적었던 것은 분명하다. 중종 때 궁녀들이 세자궁 담밖에 있는 동산의 당향목(唐香木) 아래에서 오줌을 자주 누었다는 기록이 있다.

7. 밑씻개

▶ 재료

1950년대에도 우리네 농촌에서는 볏짚을 비롯해서 나뭇잎·호박잎·머우잎·옥수수수염 따위로 밑을 닦았다. 볏짚은 뒷간 한쪽에 잘 추려서 세워둔 짚단에서 서너 개를 뽑아, 두세 번 꺾어 손에 쥐고 닦았다.

사람에 따라 뒷간에 들어갈 때마다 지붕의 짚을 뽑아 들기도 하였다. 짚조차 귀한 집에서는 말뚝에 새끼줄을 걸고, 한 끝을 앞으로 쥔 채 항문에 대고 몇 걸음 걸어서 닦았다. 이밖에 새끼줄을 두 개의 말뚝 사이에 걸어놓고 온 가족이 쓰기도 하였다(그림 16).

제주도에서는 디딜팡 옆에 쌓아 놓은 보릿대 가운데 대여섯 개를 뽑아 서너 번 꺾어 쥐고 닦았다. 손에 쥐기 알맞은 돌도 썼다. 이밖에 벽에 박힌 작은 돌을 빼어 닦고 나서 다시 끼워두었다. 이것은 비에 씻겨서 뒤에 다시 써도 좋았다.

임금이나 귀족들은 천이나 명주를 썼다. 조선의 임금이 뒤지 대신 명주 세 필을 썼다는 이야기는 우스개에 지나지 않는다.

그림 16 새끼줄로 밑닦기

1950년대에도 항문을 새끼줄에 댄 채 앞으로 걸어서 뒤를 닦은
집에 드물지 않았다.

▶ 개를 이용한 밑닦기

농가에서는 개에게 어린아이 밑을 닦였다. '워리, 워리' 불러서 똥을 먹이고,
어린아이를 번쩍 들어 밑을 들이댄 것이다. 밑을 핥던 개가 아이의 불알 두 쪽까지
떼어먹었다는 이야기는 드물지 않다. 똥개라는 이름이나, '똥 누고 개 불러대듯 한
다'는 속담은 이에서 왔다. 다음은 손진태(孫晉泰, 1900~?)의 보고이다. 그는 한
일본인(中村協平)이 "조선 농촌에서는 개가 밑을 핥아서 닦는다는데, 측주(厠
籌) 따위의 나무 조각을 쓰지 않습니까?" 묻자, 이렇게 대답하였다.

조선 농촌에서 똥 눈 어린아이의 밑을 개가 핥는 것은 어디서나 볼 수 있습니다.
다만 성장한 아이나 어른은 절대로 그렇게 하지 않습니다. 어머니가 아이를 안고
똥을 뉘인 뒤, 개를 불러서 밑을 핥도록 시킵니다. 뒤에 수건 등으로 닦습니다.
근년에는 헌 신문지 등을 씁니다. 개가 밑을 핥을 때, 그네들은 '깨끗이 핥아라' 고
거듭 이릅니다. 경상도에서는 '죄 죄 사쿠 사쿠(모두 핥아라)', 평안도에서는 '쇼에
쇼에 판판(잘 보고 깨끗하게)', 함경도에서는 '판판 하로라(깨끗이 핥아라)'고 이릅
니다. 나무 조각 이야기는 모르나, 노인들은 뒷간 앞에 몽둥이(棒木)를 세워두고

닦는다고 합니다. (중략) 새끼는 일반적으로 헌 것, 예컨대 지난해 지붕에 덮었던 것 등을 가장 많이 씁니다. (중략) 개성 덕물산(德勿山) 부근의 민가에서 뒷간 한쪽에, 길이 10센티미터로 자른 헌 새끼줄을 여러 겹 쌓아 놓은 것을 보았습니다. 그 곳에서는 헌 새끼로 밑을 닦으면 치질에 걸리지 않는다고 합니다. (중략) 이 뒷간은 마을의 한데뒷간으로, 각 집에 뒷간이 있는 줄 알았으나, 실제로는 없는 집이 대부분이었습니다. 비가 내리거나 하는 날에는 불편이 클 것입니다. 덕물산뿐 아니라, 연평도(延坪島)에도 개인 집에 뒷간이 거의 없는 사실에 놀랐습니다. (중략) 내가 황해도 중화군(中和郡) 농촌에서 본 것은 모래땅에 돌 두 개를 놓고 주위에 옥수수 울을 대강 두른 것이었습니다. 오줌은 바로 땅으로 스며들고, 똥은 개가 와서 먹어 버리며, 냄새는 바람이 멀리 날려보내 매우 이상한 것이었습니다. (중략) 8, 9년 전에는 장안사 승려들이 새끼줄을 막대기에 걸쳐 매고 그 위로 걸어서 밑을 닦았습니다. 더러워진 줄은 따로 두었다가 거름으로 씁니다. 이밖에 물로도 닦았습니다. 계곡 부근에 뒷간이 있으면, 물가에 빈 병이나 빈 깡통 또는 깨진 옹기를 놓아둡니다. (중략) 그들은 뒷간에 갈 때 물을 담아 갔다가 뒤를 본 뒤, 그 물을 대 꼬챙이(쌀 따위를 검사할 때 찔러 꺼내는)의 위에 붓는 한편, 그 끝을 항문에 대고 돌려서 씻었습니다. (중략) 지금도 이렇게 하는지는 모릅니다. (중략) 이번 여름 나는 평남 성천(成川)에서 차원술(車元述) 노인의 안내를 받아 10여 일간 조사를 다녔습니다. 그가 한 번도 뒤지를 달라고 하지 않기에 이상해서 묻자, 처음에 대답을 않다가 놀랍게도 뒤를 닦지 않는다고 고백하였습니다. 설사를 하면 어떻게 하는가? 재차 묻자, 어릴 때는 모르겠으나 태어나서 설사를 한 적은 없으며, 보통 2, 3일에 한 번 똥을 누는 까닭에 매우 단단하게 나오므로, 종이 따위가 필요하지 않다는 것이었습니다(손진태, 1932;34).

이 글 가운데 '뒷간 앞의 몽둥이'나 금강산 장안사의 '대꼬챙이'는 매우 닮은 것이다. 그리고 '새끼줄'은 앞에서 든 대로 50년대까지도 우리 농촌에서 볼 수 있었다.
다음은 일본 학자의 보고이다.

금강산 유점사 뒷간(厠) 한 구석에 길이 1척 5촌(45센티미터쯤), 둘레 4~5촌

(12~15센티미터)의 방망이 두 세 개가 있다. 이것은 손잡이 부분을 제외하고, 통나무배처럼 가운데에 홈을 파 놓았다. 중들은 뒷간에 갈 때 물을 축이거나, 깡통에 물을 담아 가지고 간다. 똥을 눈 뒤 방망이에 물을 뿌려 뒤를 닦는다. 곧 석가모니 시대의, 물을 끼얹고 씻는 행위를 한 번에 마치는 편리한 기구이다.

이것이 조선의 창조품인지, 인도에서 들어왔는지 깊이 연구할 가치가 있다. 지리산 산사(山寺)에는 잎이 달린 작은 가지를 쌓아 놓고 쓰지만, 이 같은 몽둥이는 없다. (중략) 더구나 주목(籌木)은 인도에서 들어왔으며, 중국과 일본에도 전파되었지만, 뒤지를 쓰게 된 이후에도 이 원시적인 방법이 남아 있는 것이다(今村鞆, 1928;451).

장안사와 유점사의 '몽둥이'는 같은 것으로, 이러한 기구를 절간에서 적지 않게 쓴 것으로 생각된다. '주목'은 측주의 일본 말이다.

다음은 예용해(芮庸海, 1929~1995)의 경험담이다.

(전략) 외가집이래야 똥구멍이 찢어지게 가난한 선비 살림이라서 다 쓰러져 가는 초가삼간이었지만, 어린 마음에는 족제비수염을 한 마부가 이따금 신나게 불던 나팔소리가 신기하고 좋아서 외갓집 나들이가 기뻤다. 그 외가집 뜰에서 벌똥을 누고 있는데, 외할머니가 '워리 워어리' 불러서 송아지만한 누렁이를 불러 내 똥을 다 먹게 하더니 나를 번쩍 안고는 그것으로 하여금 내 밑을 핥게 하였다. 짐작컨대 변변한 뒤지도 없고 그렇다고 억센 볏짚으로 문질기도 안타까와 시골에서 항용 어린것들의 뒤치다꺼리를 하던 그대로 한 것이겠으나, 그것은 나로서는 처음 겪는 변이었던 셈이다.

집으로 돌아와서 할머니에게 이 이야기를 옮겼더니 두 무릎을 치고 놀라며 '내 강생이 고추라도 물렸으면 어찌될 뻔 했노' 하고 노발대발했다. 그때 누렁이에게 핥이던 언저리의 스믈스믈한 감촉이며 할머니의 대노하던 모습이며가 눈에 선연한데 참으로 노여워서 그랬던 것인지 내 듣기가 좋으라고 응석을 받아서 그러했던 것인지 지금의 나는 그것을 가릴 길이 없게 되었다(예용해, 1979;17).

사진 223 일본 총려관에서 나온 뒷나무

▶ 뒷나무

중국에서는 진대(秦代)부터 대나무주걱(厕籌)이나 긴 나무 조각으로 뒤를 닦았으며, 뒤지를 쓴 것은 13~14세기부터이다. 대나무 주걱은 우리에게도 들어 왔다.

백제 유적으로 알려진 일본 규슈(九州)의 홍려관(鴻臚館) 북쪽 구멍에서 나온 73점(길이 20~25센티미터, 너비 1~2센티미터)이 그 증거이다(사진 223). 보고서에 "백제 사람들은 여러 가지 생활 문화를 가지고 건너 왔으며, 이 가운데에는 배설 방법도 있었을 것"이라고 적었다. 고대 문헌에 적히거나 유적에서 나온 일은 없지만, 백제는 물론이고 고구려나 신라에서도 썼을 것이다.

우리는 이를 '뒷나무'라 불렀다. 측목(厕木)이라는 한자를 미루어 짐작하더라도, '뒷간에서 쓰는 나무' 임을 알 수 있다. 1669년에 나온 『어해록(語錄解)』에서 측주(厕籌)를 '뒷나모'라고 새겼다(초간본 24). 이어 1690년의 『역어유해』에서는 '개시곤(揩屍棍)'을 '뒷나모'라 하고(상;19), 18세기 후반의 『물보(物譜)』에서도 측주(厕籌)와 시궐(矢撅)을 '뒨남우'라고 적었다.

'오줌에 뒷나무'라는 속담이 있다. 당치 않은 사물이라는 뜻이다.

다음은 경상북도 봉화에 사는 권헌조(85세)의 이야기이다.

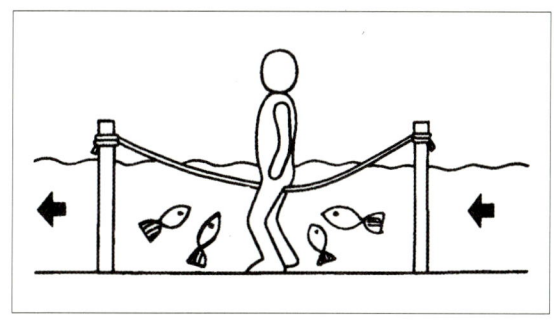

그림 17 아프리카식 밑닦기
줄에 묻은 똥을 물고기들이 달려들어 곧 먹어 치운다.

아조 옛날에는 신문도 없는데, 그 피지(皮紙)라는 거, 아조 잘 산 이는 종우 뜨는데, 딱(닥)을 가주 종우 뜨는 데, 딱 껍데기를 가주 만든 종우가 있십니다. 그 부자 아이곤 걸 못 하고요(못 쓰고요). 잘 산 이는 피지를 갖다 휴지로 썼고.

못 사는 집에는 벳짚을 갖다 놓고, 벳짚을 이레 접(겹)쳐 가주고, 그걸 참 뒤를 딱았십니다. 짚단을 이만한 걸 (뒷간에) 갖다 놓십니다. 새끼줄을 한 수가 있고요. 새끼를 끊는 게, 새끼를 꽈서 끊는 게 아이라, 옛날엔 일꾼 두먼, 여름에 몽(멍)석이라꼬 맨듭니다. 몽석 맨들고 그 띠먼, 요만큼 남은 거 그거 끊어 놓은 거 묶고. 또 소구(쿠)리라꼬, 인제 소쿠리 그 맨드고 그 끊고, 또 이 봉새기(짚으로 뒤웅박 꼴로 엮은 그릇)라꼬 담는 거, 그른 거 맨드고 끊은 거 이시먼, 고걸 묶어다가 뒷간에 묶어놓고, 글로 인제 뒤를 딱십니다. 소쿠리는 짚으로 맨듭니다.

대남근(대나무쪽은) 안 했십니다. 대남근 왜 안 하냐면, 통낭글 놓으믄 모리지만, 공이 있는 거 따믄 가는 까시가 있십니다. 살에 대고 문대믄, 찔레키(찔리기) 쉬아서. 여게 논 있는 데는 벳짚을 가주 하죠마는, 저 산중에 벳짚도 없는 데 많거든요. 그른 데 가 봄, 서속 짚을 가주 화장실 갖다 놓십니다. 지금 서속 짚을 가주선, 살에 여 문대도 씨라린데 글케 아픈데, 구체 없이 글 갖다 놓고요. 안팎(안뒷간과 바깥뒷간)이 다 그랬십니다(김광언, 2008, 97~98).

이야기가 나온 김에 한 일본 학자가 소개한 세계 여러 곳의 보기를 덧붙인다.

사우디아라비아 등지의 사막에서는 모래로 똥·오줌을 덮으며, 상류층은 적당한 그릇에 담은 모래를 손가락으로 찍어서 항문에 대고 문지른다. 이 때 묻은 모래는 걷는 사이에 자연히 떨어져 나간다. 손가락은 탈탈 털거나 따로 준비한 물로 씻기도 한다.

이집트 사막에서 낙타를 먹이는 이들은 늘 작은 돌을 주머니에 넣어 식혔다가 항문에 대고 문지른다. 돌이 워낙 뜨거워서 바로 쓰기 어렵기 때문이다.

옥수수수염은 먼저 수염으로 씻고 나서, 대로 문질러서 깨끗한 정도를 알아본다. 중국 황토 및 아프리카 사바나지대에서는 밧줄을 쓴다. 중국에서는 천장에서 세 가닥의 줄을 늘여 놓으며 일을 본 뒤, 한 가닥을 잡고 뒤를 닦는다. 공기가 매우 건조한 까닭에 똥은 곧 말라서 부스러져 떨어지므로 다시 써도 지장이 없다.

아프리카에서는 물 속 양쪽에 말뚝 박고 물이 흐르는 방향으로 줄을 매며, 일을 볼 때 줄을 잡은 채 상류를 향하면 몸에 묻지 않는다. 똥을 누고 나서 방향을 바꾸어 밧줄을 타고 몇 걸음 걸으면 깨끗해진다. 줄에 묻은 똥은 물고기들이 와서 곧 먹어 치운다(그림 17).

네팔 등지에서는 나무줄기를 여러 겹으로 엇걸어 쥐고 닦는다. 지중해 여러 섬과 로마 제국에서 해면(海綿)을 썼다는 기록도 있다. 오늘날 일본 남성은 하루 평균 3.5미터의 뒤지를, 여성은 12.5미터를 쓴다. 따라서 일본인이 하루에 쓰는 것만으로도 적도를 열 번 돌 수 있다(西岡秀雄, 1987;33~45).

동물 가운데 인간만 뒤를 닦는다지만, 모든 사람이 그렇게 하는 것은 아니다. 앞에서 든 대로, 우리나 일본의 농민 가운데에 뒤를 닦지 않은 사람이 있었고 일본도 마찬가지였다. 몽골족이나 에스키모의 똥은 토끼 똥처럼 동글동글하게 굳어 나오므로 닦지 않아도 좋다. 뒤지를 쓰는 사람은 세계 전 인구의 3분의 1에 지나지 않는다.

8. 뒷간 지킴이

▶ 이름

우리는 뒷간 지킴이를 뒷간귀신·측도부인·측신각시·치귀·정낭귀신·부출각시 등 여러 가지로 부른다. 이 가운데 '부출 각시'의 '부출'은 발로 디디고 앉아서 똥을 누도록, 뒷간 바닥 양쪽에 놓는 '부춛돌'에서 왔다. 돌 대신 널빤지를 놓게 되면서 이를 가리키는 말로도 쓴다. 뒷간 지킴이의 이름이 어째서 사람이 딛고 앉는 돌이나 널빤지와 관계를 맺게 되었을까? 우리가 다 아는 대로, 뒷간에 걸린 널빤지나 바닥에 놓인 돌이 워낙 허술해서 자칫하면 아래로 빠져 목숨을 잃거나, 옆으로 미끄러져서 낭패를 당하기 쉬운 까닭일 것이다. 제주도의 지킴이도 부춛돌(사진 225)에 목 매 죽는다.

▶ 지킴이의 내력

지킴이 유래담은 제주도 무당노래(문전본풀이)에 있다.

사진 225 통돌 부춛돌
부춛돌은 흔히 두 짝의 돌을 맞추어 놓지만 이것은 통 돌 가운데를 뚫어 만들었다.

남선 고을 남선비와 여산 고을 여산부인은 가난한 살림에도 아들을 일곱이나 낳았다. 아내가 남편에게 곡식장사를 권하자, 배 한 척을 마련하여 오동나라로 떠났다. 오동고을의 노일제대귀일의 딸과 내기 장기를 두었던 그는, 가진 것을 모두 털렸다. 그리고 그네의 남편이 되어 눈까지 멀었다.

남편을 오동나라로 찾아간 여산부인은 움막 옆에서 겨 죽 단지를 끼고 조는 남편을 만났다. 아내가 온 것도 모른 그는, 이밥을 주자 "나도 여산부인과 살 때 이런 밥을 먹었다"며 한탄하였다. 그네는 사실을 털어놓았다.

셋이 함께 지내던 어느 날, 노일제대귀일의 딸이 못 가에서 여산부인의 등을 밀어주는 체하다가 물속으로 처박아 죽였다. 그네는 남편과 같이 남선 고을로 돌아왔다. 병에 걸린 남편이 점을 보러 가자 샛길로 앞서간 그네는, 점쟁이의 입을 빌어 "일곱 형제의 간을 먹어야 낫는다"고 하였다. 아들은 또 낳으면 그만이지 하는 생각에 남선비는 칼을 갈았다.

막내아들이 낌새를 챘다. 자신과 형들의 간을 가져오겠다며 산으로 간 그는 잠이 들었다. 꿈에 어머니가 나타나 노루 간을 가져가라고 일러주었다. 과연 일곱 마리의 노루가 다가오자, 간을 꺼내 계모에게 주었다. 그네가 먹는 체 하면서 자리 밑에 감추자, 아들들이 뛰어들었다. 달아나던 그네는 디딜팡(부춛돌)에 목을 맸고, 남선비는 정살에 목이 걸려 죽었다. 일곱 형제가 계모의 머리를 바다에 던지자, 작고 큰 감태(甘苔)가 되고, 모가지는 돝도구리(돼지 먹이통)로 바뀌었다. 눈은 절구통, 배는 물망태, 배꼽은 보말(바다 우렁이)이 되었다. 똥구멍은 말문주리(말미잘)를, 허벅다리는 디딜팡을, 손은 쇠스랑과 골갱이(갈퀴)를, 손톱과 발톱은 금붓(딱지 조개)을 만들었다. 나머지를 방아에 찧어 바람에 날리자, 각다귀모기가 되어 날아갔다.

한편, 서천꽃밭의 환생 꽃을 얻어서 어머니를 되살린 아들들은 "춘하추동 물 속에서 지내셨으니, 얼마나 추우셨습니까? 조왕할머니가 되어서 따뜻한 불을 쬐며 하루 세끼 편히 얻어 자십시오"하며 조왕지킴이로 모셨다.

그 뒤 남선비는 정살신, 첫째 아들은 동방청대장군(東方靑大將軍), 둘째는 서방백대장군(西方白大將軍), 셋째는 남방적대장군(南方赤大將軍), 넷째는 북방흑대장군(北方黑大將軍), 다섯째는 중앙황대장군(中央黃大將軍), 여섯째는 뒷문전, 막내는 일문전(마루방 앞쪽)의 지킴이가 되었다. 뒷간에서 죽은 계모는 뒷간 지킴이인 측도부인(厠道夫人)을 시켰다.

악독한 계모가 부춧돌에 목을 매어 죽는 내용은 비현실적이지만 더럽고 냄새 나는 뒷간, 그것도 사람이 딛고 앉는 데에서 죽는 것으로 꾸민 것이다. 제주도 뒷간에 지붕이 없어 목을 맬 데가 없는 점도 부춧돌을 떠올린 이유의 하나이다. 뒷간 지킴이의 다른 이름인 '부출각시'도 이에서 나왔다.

여산 부인은 조왕 지킴이로 앉음으로써, 죽어서 큰마누라의 자리를 되찾았다. 부엌은 주부의 권한을 나타내는 공간이기 때문이다. 그것은 그렇거니와, 악의 화신인 노일제대귀일의 딸이 멀리 쫓겨나지 않고 뒷간 지킴이로나마 남게 된 까닭은 무엇인가? 아마도 시앗을 두는 일이 빈번했던 데서 왔을 것이다. 예컨대 1960년경 제주시 교외의, 70여 호로 이루어진 어떤 마을의 경우, 네다섯 집에 시앗이 딸렸었다. 오늘날에도 세 아내와 함께 사는 남자가 있다. 첫째가 아이를 낳지 못하자 시앗을 들였으나, 딸만 낳게 되어 셋째를 들였다는 것이다. 또 제주도에서 본부인과 시앗이 한 집 살림을 하는 것도 한 원인이다. 본 부인은 몸채에서, 시앗은 모커리에 기거하는 것이다. 이러한 생활 관습이 시앗을 뒷간 지킴이로 앉히는 결과를 낳았을 것이다. 측도부인과 조왕은 처첩 사이인 까닭에, 뒷간과 부엌을 마주 세우거나, 부엌의 것을 뒷간으로 가져가지 않는다.

갈기갈기 찢긴 시앗의 몸이 바다 풀·돼지 먹이통·절구·물망태·바다 우렁이·말미잘· 부춘돌 ·쇠스랑·갈퀴·조개 등, 이로운 물질로 바뀐 점에도 시앗을 긍정적으로 보는 시각이 드러난다. 더구나 이들은 생존을 위한 필수품이다. 따라서 시앗의 죄를 미워할망정, 존재 그 자체를 부인하지는 않는 것이다. 뒷간 지킴이의 유래담이 제주도에만 전하는 까닭도 이와 연관이 있는 듯하다.

아들 다섯이 각기 동·서·남·북·중앙의 지킴이가 되는 외에, 여섯째가 뒷문, 막내가 상방, 그리고 아버지가 정살 지킴이로 들어앉은 점도 눈을 끈다. 한 가족으로 구성된 지킴이들이 넓게는 이 세상을, 좁게는 한 가정을 돌보는 셈이다. 가족을 생존의 뿌리로 여기는 제주도 사람들의 생활 관념이 반영된 결과라 할 것이다.

▶ 성격

강원도 측신각시는 언제나 긴 머리카락을 헤아리고 있다가, 갑자기 사람이 들어오면 놀란 나머지 머리카락으로 목을 조른다. 이때 얻은 병은 무당의 굿 발도 듣지 않아 결국 죽고 만다. 따라서 뒷간에 가까이 갈 때에는, 반드시 헛기침을 세 번해야 탈이 없다.

귀신이 6일·16일·26일 등 6자가 든 날에만 머문다는 고장도 있다. 그러나 이 두 가지는 앞에서 든 대로, 중국에서 들어왔다. 젊은 색시인 이 지킴이는 노여움을 잘 타고 성질 또한 모질어서, 사람을 뒷간에서 갑자기 죽인다는 것이다.

다음은 서울 무당이 읊조리는 뒷간 축원이다(赤松智城 外, 1937;199).

뒷간의 부출각시, 쉰 대자 머리를 앞으로 쥐고
허씨 양위(兩位) 남녀 자손 오줌 소폐를 하러 가도
어리청계 망녕 그물 놓지 말고
대활례로 놀으소사

"쉰 대자나 되는 긴 머리를 앞으로 쥐고 있는 부출각시님이여, 허씨 내외는 물론이고 그 자손들이 오줌을 누러 가더라도, 해코지를 하지 말고 크게 보아 주시오"라는 내용이다. 뒷간 지킴이의 머리가 길다는 관념이 강원도뿐만 아니라, 경기도에도 퍼졌던 것을 알 수 있다.

서울에서는 뒷간 천장에 헝겊 조각을 걸거나 백지에 목왕(木王)이라 써 붙이기도 한다(이재곤, 1996 ; 116). 서울 도봉구 수유리에 있는 화계사의 뒷간에는 널쪽으로 만든 다음의 신위가 있었다(사진 226).

봉청서제부정보결중생청측신지위(奉請誓除不淨普潔衆生圊厠神之位)

▶ 제례

강원도에서는 뒷간을 지으면, 날을 받아 음식을 차리고 불을 밝힌 뒤 '탈없도록 도와주소서' 빈다. 제주도에서도 돼지 돌림병이 돌 때 이같이 한다(사진 226). 뒷간을 새로 짓거나 옮길 때도 날을 잡으며, 부춛돌도 함부로 옮기지 않는다. 흔

사진 226 뒷간 제사
제주도에서 돼지뒷간을 짓기 전에 토신제를 지내는 장면이다.
뒷간 지킴이의 내력담이 오직 이 섬에만 전하는 것도 깊은 정성
덕일 터이다.

히 시월상달 고사 때 떡을 바치지만, 의례는 단순하고 형식적이다.

사람이 똥통에 빠지면 검은 콩밥을 해먹고, 독이 오르면 보리 가시랭이를 태워 연기를 쐰다. 어린아이가 빠지는 것은 '노일저대'가 밑에서 잡아당긴 탓이라고 한다. 이때는 쌀가루를 송편처럼 동그랗게 빚은 떡, 백 개를 아이가 들고 "똥떡이요, 똥떡이요" 외치고 다니며 이웃에 돌렸다.

제주도에서는 보리 가루로 떡을 빚었으며, 크기는 두께 2센티미터에 지름 8센티미터쯤이었다. 아이가 뒷간 바닥에 떨어지면 얼이 나갔다고 여겨서 '넋 드리기'도 하였다. 부춧돌 옆에 물 한 바가지를 떠놓고, 아이 머리에 물을 찍어 바르고 두드리면 다시 돌아온다는 것이다. 이밖에 식구가 아파도 날을 따로 받아 뒷간을 옮겨지었다. 뒷간자리는 서쪽이 으뜸으로, 이곳의 돌은 다른 데에 쓰지 않는다. 돼지 새끼가 탈이 나서 젖을 먹지 않으면 검은 치마를 입고 품에 안은 채, 집안을 향해 세 번 절을 한다. 뒷간을 짓기 전 토신제를 지내기도 한다. 뒷간 돌은 지역에 따라 차이가 있다. 산간지대에서는 네모돌을, 해안에서는 둥그레한 호박돌을 쓴다.

짚신을 잘못 삼으면 "뒷간에 가서 절하고 오라" 이르며, 처음 삼은 것은 뒷간에 걸어둔다. 뒷간에 간 사람이 갑자기 죽었을 때도 짚신의 뒤축을 잘라 건다. 이는 뒷

간 지킴이의 머리카락 헤아리기와 지신을 삼기 위해 날을 고르는 행위가 닮은 데에서 온 듯하다. "하루거리에 걸린 사람이 부춛돌을 세 번 핥으면 낫는다"는 민속은, 도저히 하기 어려운 행위를 함으로써 병이 나을 것이라는 의지를 키우는 뜻이 들어 있다. 이밖에 두드러기가 나면, 뒷간지붕의 볏짚을 태워 연기를 쐬면서 소금을 뿌려가며 "중도 고기 먹나?" 외치면 가라앉는다고 한다.

다음은 경상북도 봉화의 권헌조(85세)의 말이다(김광언, 2008;98~99).

아이가 뒷간에 빠진 수도 있어요. 아이가 빠지면, 그 아이를 건져내 가주고, 떡을 해서 아이 나(나이)대로 떡을 해 놓고 빌고 그래는 거, 그 뭔 이민(의미인) 동 모린데, 안 그램, 뒷간에 빠진 아가 못 산답니다. 떡은 송편도 아니고, 요 만큼 한 떡을 해 가주고, 그 자리에서 아이가 다 먹그로 하거든요. 아이가 다 먹그로 한데, 아이가 만일 한 너덧 살 먹은데, 떡을 이만큼 하게 해 놓으믄, 그 다 못 먹거든요. 그 요만큼 하기 해 가주고. 아가 거 가 빌고, 먹고 뭐 "잘 크고, 저 아프지 않고, 골부 잘 하그로 해 달라"꼬 빌고, 절을 하고 그 떡을 그 자리에 다 먹고 나온다는 그 마큼, 오새 봄 희한한 일이죠. 안팎 뒷간 다 그렇게 했어요. 옛날엔. 저 옛날엔 상이 나면 방상方像이라꼬 해서 널에 저 상사 지낼 때 씨잖십니까? 칙견방상·覡方像이라꼬, 화장실에 가 방상을 어크른 게(어슴푸레 한 것이) 비에믄(보이면) 그 죽는다꼬, 거 또 예방을 하는 그른 뭐, 비는 일도 있었십니다. 방상은 거 나이 많은 이도 그렇거든요. 화장실에 갔다가 눈에 헛 게 비에는 게죠. 방상이 보에믄, 그 반드시 칙간에 가서 빌고 해야 되지, 그람(그렇게 하지 않으면) 곧 죽는다꼬 허허. 건, 마큼 미신의 일이죠.

9. 문헌의 뒷간

(전략) 이 해에 금포현(今浦縣) 오경(五頃) 쯤의 논 속에서 벼가 모두 이삭으로 바뀌었다. 7월에 북궁(北宮) 뜰 안에 별 두 개가 떨어지고 다시 한 별이 떨어진 뒤, 모두 땅 속으로 들어갔다.

이보다 먼저 대궐 북쪽 뒷간(廁圂) 속에서 두 줄기 연(蓮)이, 봉성사(奉聖寺) 밭 속에서도 연이 피어났다. 궁성 안으로 들어 온 범을 잡으려다가 놓쳤다(권2 기이2 혜공왕).

뒷간에서 연꽃이 피는 일은 불가능하므로, 나라가 어지러울 징조임에 틀림없다. 이러한 비유를 한 것은 저자가 불승인 점과 관련이 깊다.

고려시대 문인 이규보(李奎報, 1168~1241)의 시화집(詩話集) 『백운소설(白雲小説)』에도 뒷간 일화가 보인다.

시중(侍中) 김부식(金富軾, 1075~1151)과 학사(學士) 정지상(鄭知尚, ?~1135)은 문장으로 이름을 날린 까닭에, 다투어 시새워하여 사이가 좋지 않았다. 세상에 전하는 말이다. 지상이 '절의 염불 소리 그치고 하늘은 유리처럼 맑다(琳宮梵語罷, 天色淨琉璃)'라고 짓자, 부식이 자기 시에 넣고 싶다며 달라고 하였다.

그러나 지상은 끝내 듣지 않았다. 뒤에 부식에게 주살(誅殺)된 그는 음귀(陰鬼)로 변하였다. 어느 날 부식이 '버들은 천 실로 푸르고, 도화는 만점으로 붉다(柳色千絲綠, 桃花滿點紅)'고 읊었다. 이 때 문득 공중에서 내려온 지상의 귀신이 그의 뺨을 치면서 '천실 만점을 누가 헤아리느냐? 왜, 버들은 실실이 푸르고 도화는 점점이 붉다(柳色絲絲綠 桃花點點紅)고 하지 않느냐?'고 다그쳤다. 부식은 마음속으로 자못 꺼림칙하였다. 그 뒤 부식이 한 절에서 똥을 눌 때, 지상의 귀신이 뒤에서 불(陰囊)을 잡으며 물었다. "술도 안 마셨는데 얼굴이 왜 붉은가?" 부식은 "저 건너 언덕의 단풍이 얼굴에 비친 까닭이다." 대꾸하였다. 이번에는 귀신이 불을 단단히 잡으며 "이것은 무슨 가죽 주머니인가?" 하자, 그는 "네 아비 불알이다."내 뱉으며 낯빛이 변치 않았다. 귀신이 불을 더욱 옥죈 탓에, 그는 마침내 뒷간에서 죽었다.

그는 묘청(妙淸)·백수한(白壽翰) 등과 함께 삼성(三聖)으로 불릴 만큼 음양비술(陰陽秘術)에 관심이 많았다. 특히 서울을 서경으로 옮길 것을 주장하였으며 묘청 등의 난 때, 앞장서서 금나라를 치고 왕도 황제로 부르자고 나섰다. 이들을 진압하러 나선 김부식은 먼저 지상을 죽였다. 『고려사』에도 "부식이 평소에 지상과 글을 다투어 불만을 품었다가, 이에 핑계삼아 죽였다"는 말이 떠돌았다고 적혔다(「묘청전」).

정지상이 뒷간에서 똥을 누는 김부식의 불을 옥죄어 원한을 갚았다는 내용은 그럴 듯하다. 천하장사라도 똥을 누는 순간은 무방비 상태인데다가, 급소 중의 급소인 불을 낚아 채였으니, 저승의 아귀라도 미처 손을 써볼 도리가 없었을 것이다.

10. 뒷간 속담

① **뒷간 개구리(쥐)한테 하문(下門) 물렸다.**

창피스런 일을 당하고 부끄러워 남에게 말을 못한다.

② **뒷간과 사돈집은 멀어야 한다.**

뒷간이 가까우면 냄새가 나고, 사돈집이 가까우면 말썽 나기 쉽다.

③ **뒷간 기둥이 물방앗간 기둥 더럽다 한다.**

더 큰 흉을 가진 사람이 남의 작은 허물을 나무란다.

④ **아니 구린 통수깐 있나?**

본색은 감추지 못한다. 누구나 잘못을 저지른다.

⑤ **뒷간에 갈 적 마음 다르고 올 적 마음 다르다.**

필요한 때에는 다급하게 굴다가도, 제 일을 마치고 나면 마음이 달라진다.

⑥ **뒷간에 앉아서 개 부르듯 한다.**

필요한 때만 찾는다.

⑦ **뒷간에 옻칠하고 사나 보자.**

재물을 악착같이 모은다.

⑧ **뒷간에 기와 올리고 살겠다.**

인색하게 굴어도 큰 부자는 못 된다.

⑨ 안뒷간에서 똥 누고 아가씨더러 밑 씻겨 달라겠다.

몹시 뻔뻔스럽다.

⑩ 남이야 뒷간에서 낚시를 하건 말건.

남이 무슨 일을 하든지 상관하지 말라.

⑪ 뒷간 문 열수록 구린내만 난다.

악한 사람은 건드리지 않는 것이 좋다.

⑫ 뒷간에서 나올 때 서두는 사람 없다.

긴요할 때는 서둘다가도 욕심을 차리면 아랑곳하지 않는다.

⑬ 개 뒤를 따르면 뒷간으로 간다.

좋지 못한 사람을 가까이 하면 해를 입는다.

⑭ 뒷간 다른 데 없고 부자 다른 데 없다.

부자는 누구나 욕심이 많다.

⑮ 굶주린 개 뒷간보고 기뻐한다.

허기진 사람은 먹을 것을 보기만 하여도 좋아한다.

⑯ 뒷간에 세 번 빠지면 죽는다.

같은 잘못을 세 번씩이나 저지르면 안 된다.

우리네 관념대로 뒷간에 관한 속담은 모두 부정적이다.

①은 창피스럽고, ②·⑬은 기피하고 싶으며, ③·④·⑪은 더럽고, ⑤·⑫는 배신의 장소이며, ⑥·⑦·⑧·⑭는 하찮고, ⑨·⑩·⑮는 가당치 않음을 나타낸다. ⑯은 교훈이다.

11. 호자·요강·매우틀

▶ 호자(虎子)

남성용 소변기의 하나인 호자는 중국에서 나왔으며, 그 이름은 형상이 엎드린 범을 닮은 데에서 왔다. 형태는 네모꼴·둥근꼴·달걀꼴 등 여러 가지이며, 도기(陶器)나 자기(瓷器)로 만든 것이 흔하다. 김원룡은 호자 출현에 대해 "『주례(周禮)』에 나오는 것을 보아 중국 청동기시대인 주대(周代)부터 이미 있었던 것을 알 수 있다"고 적었다(김원룡, 1962;9). 중국에서는 상류층에서 근래까지도 침상 곁에 두고 썼다.

(1) 백제의 호자

우리나라의 가장 오랜 호자는 1979년에 충청남도 부여군 군수리(軍守里)에서 나왔다(사진 228·사진 229). 높이는 25.2센티미터이다. 서성훈의 설명이다.

뒷발을 약간 굽혀서 앞발에 힘을 모으고 상체를 들어 좌측으로 90도 가까이 머리를 돌린 후 먼 곳을 주시하며 입을 크게 벌리고 하품을 하는듯한 형상을 취하고 있다. (중략) 두부에 표현한 안면상(顔面像)은 옆으로 치켜 뜬 눈자위에 비

사진 228·229 옹기 호자
쭈그려 앉은 범꼴 호자로 '호자'라는 이름도 이에서 왔다. 중국의 호자는 용맹스런 '호랑이' 모습이지만, 이것은 장난기 어린 '범' 꼴이다. 우리네 심성이 그만큼 착하기 때문이다. 오른쪽 뒷모습을 보면 머리와 엉덩이 사이에 손잡이를 붙였다.

하여 눈알은 점을 찍어 조그마하게 표현하고 있다. (중략) 어린 새끼 호랑이의 자용(姿容)임을 엿 볼 수 있다. (중략) 이같은 예술성은 백제인의 생활환경에서 비롯된 소치라고 하겠다(서성훈, 1979 ; 125~126).

널리 알려 지지는 않았으나 부여박물관 수집 유물 가운데 부소산에서 나왔다는 호자(일부)가 있었다. 관계자들도 무엇인지 몰랐다가 이 호자를 보고 확인하였다. 서성훈의 설명이다.

뒷발을 굽혀 쪼그리고 앉아 있는 형상으로 쳐들린 발가락에서 튀어나온 발톱이 아주 예리하여 맹수를 상징한 토기임을 일견하여 알 수 있다. (중략) 동물을 상징한 특수용기가 아니었을까 하고 추정하여 왔으나, 이번에 발견된 군수리 출토 동물형 토기에 의하여 호자로 밝혀졌다(서성훈, 1979 ; 124~125).

공주대학교 박물관에는 항아리 꼴 호자가 있다(사진 230). 은화수의 설명이다.

(전략) 몸통의 어깨에는 45도 가량의 주구(注口)를 짧게 붙였다. 어깨에는 두

사진 230 항아리꼴 호자
몸 위 한쪽에 짧은 주둥이를 위 가운데에 깃봉꼴의 손잡이를 붙였다. 손에 들고 오줌을 누거나 바닥에 놓고 무릎을 꿇은 자세로 누었을 것이다.

사진 231 항아리꼴 호자
앞의 것보다 조붓하고 키가 조금 크다.

줄의 침선(針線)을 횡(橫)으로 돌리고 그 아래 반원문(半圓文)을 연이어 새겼다. 이러한 반원문은 고구려의 유물인 평양 만달산 14호 출토 호(壺)와 파주 주월리 출토 호에도 보이는 문양으로 주목된다. 이와 유사한 것이 집안(集安) 우산묘구(禹山墓區) M 2321 부근에서 출토되어 고구려 호자로 추정된다. 크기는 높이 21센티미터이다(은화수, 1998;81).

(중략) 서민들이 쓴 호자로 추정된다. (중략) 중국식의 범꼴 호자가 한 점 나온 데에 비해, 이것이 3점이나 선보인 것은 그만큼 널리 쓰였기 때문일 것이다(은화수, 1998;82~83).

공주 학봉리(鶴峰里)에서도 앞의 것을 닮은 것이 나왔다(은화수, 1998;82).

몸통이 조금 홀쭉한 대신 키가 크고, 손잡이를 깃봉 꼴로 붙여서 쥐기 편하다. 앞의 것보다 발전된 형태이다(사진 231).

한편, 서성훈은 부여박물관에 소장된 또 하나의 그릇에 대해 "특히 백제의 용변기는 도(圖) 11의 변기와 더불어 밝혀지고 있어서 구조면에서 도 11은 여성용, 도 6·9 호자는 남성용 소변기로 추정된다"고 덧붙였다(서성훈, 1979;127). 이 때문에 학계에는 "군수리에서 남녀용 소변기가 나왔다"고 일러왔다(사진 232).

사진 232 여성용 소변기로 잘못 알려진 귀때동이
우리는 물론이고 중국이나 일본에도 이 같은 소
변기를 쓴 일이 없다.

사진 233 농가에서 근래까지 쓴 귀때동이
밭가로 날라 온 똥통의 거름을 이에 딸아 붓고
다니며 조금씩 주었다.

　그러나 이 그릇(높이 19.6센티미터, 너비 26센티미터)은 변기가 아니다. 우선
생김새를 보더라도 여자가 걸터앉아 오줌을 눈다는 것은 상상하기 어렵다. 삐죽한
주둥이 쪽이 조금 낮고, 반대쪽의 운두는 이보다 높아서 변기로 쓸 수 없기 때문이
다. 앉는 방법에도 문제가 있다. 운두가 높은 쪽을 향한다면, 뒤를 삐죽하게 뺄
이유가 없으며, 반대로 앉는다면 뒤를 높이지 않아도 좋은 것이다. 손잡이의 위
치나 크기도 걸맞지 않다. 더구나 그릇의 벽이 매우 얇아서 그 위에 앉자마자 부서
지고 말 것이다.

　형태로 보면, 밭에 거름을 줄 때 쓰는 귀때동이(사진 233) 그대로이다. 농가에
서는 똥·오줌을 똥장군에 담아 지게에 얹거나, 등에 져서 밭가로 옮긴 다음 이
동이에 붓고 두 손으로 들고 다니며 귀때 쪽으로 조금씩 흘려주었다. 한 쪽에 귀때
를 붙인 까닭도 이에 있다. 중국에서 여성용이 나온 예가 없을 뿐더러, 우리나라에
서도 이것 한 점만 나온 것도 생각해 둘 일이다.

(2) 고구려의 호자

　공주대학교 박물관 소장품과 공주 학봉리에서 나온 호자와 닮은 것이 고구려 도
읍지였던 집안(集安)에서도 나왔다(사진 234). 형태는 앞의 것을 더욱 빼 닮았

사진 234 고구려 호자
백제 호자를 빼 닮았다.

다. 은화수가 공주대학교 소장품을 "고구려 호자로 추정된다" 하고, 학봉리의 것은 "고구려 호자를 본 따 제작한 백제유물로 추정된다"고 적은 것은 이 때문이다.

그러나 형태가 닮았다고 해서 반드시 어느 쪽의 것을 본떴다고 보는 것은 무리가 아닌가 싶다. 더구나 같은 형태의 호자는 백제 유역에서 3점이 나온 반면, 고구려에서는 한 점이 나왔을 뿐이다. 논리적으로 말하면 고구려에서 백제의 것을 본떴다고 해야 옳다. 백제의 범꼴 호자도 수준이 고구려보다 훨씬 앞서는 까닭이다. 한편, 원통형 호자는 중국에서 초기부터 서민들이 널리 이용하였다. 형태가 우리 것과 다르지 않은 점에서 범꼴 호자와 함께 우리에게 들어온 것으로 보아도 좋을 것이다.

집안에서는 배(船)꼴 호자도 나왔다.

(3) 개성의 호자

국립중앙박물관에는 경기도 개성에서 나왔다는 범꼴 호자가 있다(사진 235·사진 236·사진 237). 1928년 2월, 일본인(天池茂太郎)에게서 사들였다고 한다.

(중략) 눈두덩은 튀어나왔으며 눈동자는 둥글고 눈 꼬리는 뾰족하여 날카롭다.

사진 235 개성에서 나온 호자

사진 236 머리 부분

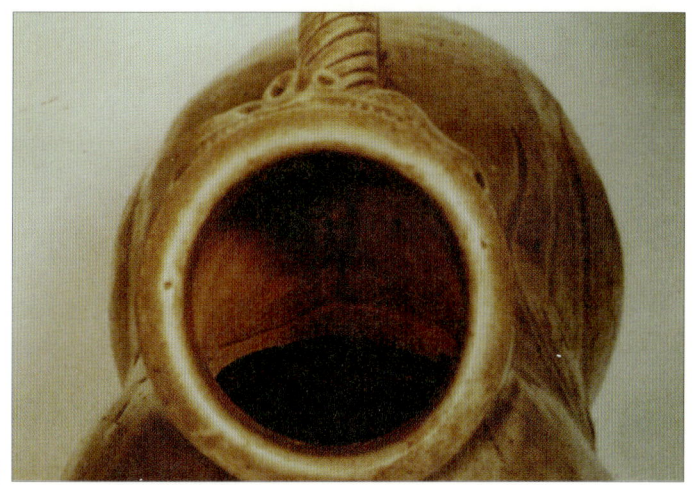

사진 237 입 부분

179

(중략) 머리에서 등으로 이어지는 곳에는 활 모양의 손잡이를 붙였다. (중략)

전체적인 형태나 재질로 보아 서진(西晉) 말에서 동진(東晉) 초에 제작된 것으로 추정된다. 길이 26.4센티미터, 높이 20.2센티미터, 저경(底徑) 9.2센티미터, 주구(注口) 5.4센티미터이다(은화수, 1998;63~64).

우리네 호자에는 범꼴과 원통꼴의 두 종류가 있다. 제작 기법 등으로 미루어 범 꼴은 귀족층에서, 원통꼴은 일반에서 쓴 것으로 생각된다. 그리고 범 꼴 두 개 가운데 부여에서 나온 것은 백제 사람들이 만든 것이고, 개성 출토품은 중국에서 들어온 듯하다. 원통꼴 호자가 백제 지역에서 집중적으로 나오고, 고구려 땅에서도 선보였으나, 신라에서는 한 점도 출토되지 않았다. 호자는 3세기 이후 중국의 오(吳)나라에서 백제로 들어와 퍼졌다.

▶ 요강

요강은 쓰기 편한데다가 남녀구분이 없어서 널리 애용하였다. 우리 것은 적어도 고려시대 이전에 나왔을 것이다. 한자의 음을 빌어 溺缸·溺·溺江 등으로 적었고, 『조선왕조실록』에는 익기(溺器)로 올라 있다. 설기(褻器)나 수병(溲瓶)은 중국 이름이다. 일반에서는 흔히 오줌 단지(경북·전남) 또는 야호(夜壺)라 일렀다.

(1) 『조선왕조실록』의 요강
쇠붙이가 귀했던 조선시대에는 정부에서 백성들의 놋요강까지 거두어 들였고, 더러는 관리가 제 것으로 삼았다. 국가의 놋요강을 훔친 관리를 파직시키라는 사헌부 상소이다.

여러 원에 시정인(市井人) 등이 바친 유기(鍮器)를 반정(反正) 뒤, 공조에서 본 주인에게 돌려주도록 하였으나, 낭관(郎官) 등이 외람되이 제 것으로 삼았습니다. (중략) 좌랑(佐郎) 남포(南褒)는 개구분(蓋具盆) 한 점과 크고 작은 세수

사진 238 일본에 건너간 조선시대 청자요강
15.5 ×17센티미터 크기이다. 층이 진 유약이
구름무의를 연상시킨다. 일본사람들은
우리네 요강까지도 탐을 내어 거두어 갔다.

대야와 요강(溺器) 한 개씩 가져갔습니다. (중략) 남포와 심의도 잘못을 저질렀으니 파직시키소서(『중종실록』9년 〔1514〕 11월 11일).

중국에서 산 요강을 버리고 돌아온 관리를 칭송하는 기사도 있다.

중국에 간 제주목사 조사수(趙士秀)는 심한 습증(濕症) 때문에 걸음 걷기가 어려워 백철(白鐵) 요강(溺器)을 샀다. 먼 길을 가다가 깊은 밤, 급할 때 쓰기 위해서이다. 그러나 압록강에 이르러 강물에 던져버리고 왔다. 그의 깨끗한 행동은 탐욕스런 자를 청렴케 하고, 게으른 자를 불러일으키고도 남았다(『중종실록』36년 〔1541〕 1월 3일).

당시 요강이 귀물이었던 것을 알 수 있다. 중국 관리들도 우리네 요강을 몹시 탐냈다. 박지원은 효종에게 "어응거대(於應巨大)는 바로 그 나라의 권력자인데 사행(使行)에게 재차 요강(溺器)을 요구합니다"고 아뢰었다(『효종실록』9년 〔1658〕 3월 11일).

아첨배들이 요강까지 받쳐 들었다는 웃음거리도 보인다.

사진 239 제주도 오지요강
몸통 서너 곳에 테를 두르고 어깨쪽
에 번개무늬를 베풀었다. 높이 19,
아가리 지름 13, 밑지름 16.5센티미
터의 크기로, 투박한 손잡이를 붙였
다.

사진 240 제주도 옹기요강
높이 18.5, 아가리 지름 18, 밑지름
22센티미터의 크기이다.

사진 241 전라북도 순창의 옹기요강
지름 14.5, 바닥 지름 16.0, 높이 18.0
센티미터의 크기이다.

(전략) 식견 있는 유명한 자들도 (중략) 윗사람의 비위를 맞추려고 수염의 먼
지를 털어 주거나, 요강(溺器)을 받쳐주며, 종기의 고름을 빨아주거나 치질을 핥
아줍니다(『중종실록』 32년 〔1537〕 12월 12일).

죄인 조영복(趙榮福)은 (중략) 이웃 적집(賊集)의 시종이 되어 손수 요강(溺
器)을 받쳤으므로, 듣는 자가 모두 그 비루함에 침을 뱉었습니다(『경종실록』 3
년 〔1723〕 1월 12일).

다음은 놋요강에 관한 기사이다.

중종의 셋째 딸 정순옹주의 남편 여성군(礪城君) 송인(宋寅)은 (중략) 놋쇠그
릇으로 요강(溺器)을 만들지 않았다. 뒷날 망가져서, 사람들의 음식을 담아 먹을
지 모른다는 염려에서였다(『선조실록』 17년 〔1584〕 7월 1일).

수입한 구리로 요강을 만들었다. 숙종 때 우의정 이이명이 임금에게 올린 글
이다.

사진 242 양쪽에 손잡이를 붙인 오줌요강
지름 15.5, 바닥 지름 20.7, 높이 22.0센티미터의 크기이다.

사진 243 놋요강
놋쇠를 두드려서 만든 방짜 요강이다.

사진 244 꽃요강
몸통 가득히 활짝 핀 모란을 놓아꾸몄다.

(전략) 백성이 지리를 모르는데다가, 낭비를 즐겨서 다른 나라의 구리를 사서 타구와 요강(唾溲之器)을 만듭니다(『숙종실록』 42년 〔1716〕 12월 17일).

대신들을 뒤에 두고 요강에 오줌을 눈 경종은 싫은 소리를 들었다.

(전략) 임금이 여러 신하들을 대하여 몸을 조금 돌려 오줌을 누므로, 잠시 물러가려고 하자 막았다. (중략) 이거원이 아뢰었다. "한 나라 무제는 관을 쓰지 않고 급암(汲黯)을 만난 일이 없습니다. 전하께서 소피를 보실 때 하고도 않으셨고, 환시(宦侍) 또한 알리지 않았으니, 이는 신료(臣僚)를 대하는 도리에 부족함이 있는 것입니다."(『경종실록』 2년 〔1722〕 6월 24일).

조선시대에는 무덤에 요강도 넣었다. 영조는 인원왕후(仁元王后)의 인산 때 광중(壙中)의 잡물(雜物)을 줄이라고 하였다 (『영조실록』 33년 〔1757〕).

명기(明器) 가운데 (중략) 사치에 가까운 것은 나전 소함(螺鈿小函) 등이고, 희롱에 가까운 것은 작은 그릇들이다. 긴요치 않은 것은 토등상(土藤箱), 타구(唾

사진 245 백자요강　　　　사진 246 꽃요강　　　　사진 247 청자요강

具), 요강(溲器) 따위이며, 쓸 데 없는 것은 주준(酒樽), 주잔(酒盞) 같은 것이다
(『증보문헌비고』 제68권 예고 15 국휼4 장제).

임금도 잠자리에서는 요강을 썼다.

대행조(영조)께서 병환 중에 잠자리에서 대신들을 만나, 요강(溺器)을 내 던
지며 "만일 내가 죽는다면 종사(宗社)와 신민들을 어찌할 것인가? 오늘날에는 위
관(衛瓘)이나 손순효(孫舜孝) 같은 사람이 없는가?" 하셨다(『정조실록』 즉위년
〔1776〕 3월 30일).

오줌의 양으로 병의 정도를 가늠하였다.

도제조 권돈인(權敦仁)이 임금에게 소변의 양을 묻자 "간밤에는 한 보시기가
족히 되었다"고 하였다. 이어 낮과 밤을 합하면 몇 차례가 되느냐는 질문에 "초
경부터 4~5경까지 반 요강(溺缸)이 흡족히 된다"고 일렀다(『헌종실록』 15년
〔1849〕 5월 14일).

사진 248 제주도의 오줌항
오줌이 가득 찬 항아리에는 빗물이 들지 않도록 주저리를 덮었다. 높이 72센티미터, 밑지름 33센티미터이다.

조선시대에는 과거 시험장에서 박으로 만든 과장호자(科場虎子)를 썼다. 시험 도중에 밖으로 나갈 수 없었기 때문이다. 이 호자에 더러 예상 답안을 넣어 가지고 들어가서 급제한 사람도 있었으며, 사람들은 그를 호자당상(虎子堂上)이라 비꼬았다(이규태, 2001;445). 오늘날에도 고시(考試) 장에서 비닐봉지를 나누어 주었다고 한다.

(2) 여러 가지 요강

요강은 오지·놋쇠·사기·양은 등으로 만들며, 청자·백자·목칠(木漆) 제품도 나돌았다. 『세종실록』오례의(五禮儀)에 실린 장례용 명기(明器) 가운데 "요강(溲器)은 뚜껑까지 나무를 파서 만들며, 옻칠을 한다"는 내용이 보인다. 쇠가죽에 기름을 먹인 것도 있었다. 무당의 '성주풀이'에도 요강이 안방 살림살이의 하나로 손꼽힌다.

서민의 것은 옹기나 오지요강이다. 엄지손가락을 안쪽으로 구부려 넣어서 잡지만, 손잡이가 달린 것도 있었다. 여인네들이 말이나 가마를 타고 멀리 갈 때 쓴 것은 길요강이다. 안에 짚을 두둑하게 깔아서 일을 보더라도 소리가 들리지 않았다. 사랑채 남자의 것은 바지가랑이에 넣고 눌만큼 작았다. 한편, 요강을 부부가 함께 썼던 까닭에 '요강깨기'를 '정 떼기'로 알았다. 놋요강에는 거의 반드시 꼭지 달린 뚜껑(요강 깨)이 딸려서, 두 손으로 받쳐 들고 옮긴다(사진 246). 사기요강에 화접문(花蝶紋)이나 모란꽃 따위를 그려 넣은 '꽃요강'이다(사진 245). 어머니는 딸에게 요강을 물려주었으며, 신혼부부는 첫날밤 이 안에 촛불을 켜 두었다. 호남지방에 전하는 꽃요강 유래담이다.

딸 다섯을 둔 아비가 있었다. 첫째부터 넷째는 시집을 가서 소박을 맞거나 과부가 되거나 일찍 죽었다. 막내딸의 액운을 면하게 할 방법을 찾던 중에, 옹기장이가 찾아오자 신세한탄을 늘어놓았다. 그는 "음양이 맞지 않은 탓이니, 꽃과 나비의 문양이 든 요강을 주어 보내라"며, 그 날부터 백일기도를 올린 끝에 스스로 꽃요강을 빚었다. 이로써 막내딸은 아들 딸 잘 낳고 행복하게 살았다.

예부터 신부가 혼수품으로 요강을 장만하는 것은 흔히 있는 일이지만, 일부 영남지방에서는 신행 때 놋요강에 찹쌀을 가득 넣어가지고 가는 것이 관례였다. 봉화 송석헌(松石軒)의 권헌조옹 집에서는 이 쌀로 밥을 지어 먹었으며, 놋요강은 신부가 평생 썼다. 까닭은 알 수 없다. 봉화군 법전면에서 온 그의 모친, 안동시 이산면에서 온 조모, 안동시 와룡면에서 온 종조모, 영양군 영양읍에서 온 4종조를 비롯해서 예천군 예천읍에서 온 색씨도 놋요강에 쌀을 담아 왔다고 한다.

오는 사람 뿐 아니라, 시집을 가는 사람도 마찬가지였다. 권씨 맏누이 동생이 상주시 낙동면으로, 둘째 및 넷째 누이가 안동시 임동면으로, 셋째 누이가 안동시 임청각으로 시집을 갈 때도 그렇게 하였다. 뿐만 아니라, 그의 두 딸도 관례를 따랐다. 따라서 그 범위는 경상북도 거의 전역에 이르는 셈이다.

한편, 안동대학교 임재해 교수에 따르면, 문경군 산양면 현리에서 신행 때, 신부가 놋주발에 쌀을 봉긋하게 담고 그 가운데에 달걀 한 개를 세운 채 가마에서 내렸다고 한다. 주민들도 처음에는 까닭을 모르겠다고 하다가 거듭 묻자, 달걀에서 병아리가 나오듯이 자손이 많이 태어나기를 바라는 뜻이 아니겠느냐고 하였다는 것이다.

사진 249 '스덴' 요강

요강에 쌀을 담은 것은 자손의 번성이나 생산과 연관이 있을 것이다.

예부터 농가에서는 밭에 거름으로 줄 오줌을 구유 따위에 따로 모았다. 요강의 오줌을 이곳에 붓게 한 것이다. 그리고 바깥채 남자의 것보다, 안채의 오줌을 더 손꼽았다. 생산을 상징하는 여성의 것이 작물을 여물게 하는 데 더 큰 효과를 낸다고 믿은 까닭이다. 또 쌀이 생명과 자손을 나타내는 사실은 널리 알려졌다. 자손의 창성을 바라서 섬기는 삼신이나 성주의 신체도 쌀인 것이다. 그리고 예물이므로 평범한 멥쌀보다 귀한 찹쌀을 담았을 것이다. 또 사랑 요강이 '쪼만하고' 안 요강이 큰 것도 마찬가지로 생각된다(김광언, 2008, 95~96).

이밖에 상류층에서는 백자요강(사진 244)이나, 청자요강(사진 246)을 썼다. 전쟁에 광분하던 일제는 제2차 세계대전 말기 각 집의 놋요강마저 빼앗아 갔다. 근래에는 스테인리스 요강이 큰 황영을 받았다. 앞의 권씨 말이다.

스덴(스테인리스) 요강은 나도(나이도) 얼매 안 됐지만, 저 화장실까짐 가니, 귀찮해 가주고, 사요강(사기요강)을 몇해 썼는데, 한 삼 연(년) 전에 한 년 내로(한 해 사이에), 사요강을 다섯 개나 깨 부렸어요. 들고 나가당이, 고만 씨러져 자빠져서 널짜(놓쳐서) 깨 부고(깨뜨려 버리고), 그 사요강은 또 무겁고, 누가 얘기가 "

187

스텐 요강 사면 돈도 사요강보다 훨씬 적고, 넌짜도 안 깨진 게, 가볍고(가볍고) 한데, 글로(그것으로) 왜 사지 그래" 그래서 스텐 요강 사 노이(놓으니까), 이건 얼매나 편리한 동 몰래요. 넌짜도 안 깨지고 놋요강이 글 때는 저 뭐 우리 조모 가져 오신 놋요강, 선비 가져오신 놋요강 거 있었는데, 조모 가져오신 놋요강은 오래 돼 깨져 부고, 선비 가져온 놋요강은 하마 한 사십 년 전에 문밖에 납뒀는데, 뭐 고물쟁이 가져간 동 잃어버렸고요. 잃어버렸고, 또 내 장개 갈 때는 집 사람을 글 때 놋요강이 없어 가주고요, 저 뭐 해방 되구 한참 유기 공출돼 가주 없어 가주고요, 사기요강을 사 가주 와 씨다, 어다 두었는지 모리고요. 요강은 신랑의 것은 안 가죠 옵니다. 하나만 가져오죠.

　바가지도 요강이 되었다. 제주도의 어린 잠수(潛嫂)들은 물질할 때 쓴 뜨개박을 시집 갈 때 요강 삼아 가지고 갔다. 바닷물에 찌든 바가지는 나무처럼 단단해서 쓸 만 하였으며, 이것이 깨지면 혼인 생활도 끝난다고 하여 엉거주춤 앉아 오줌을 누었다. 함경도·강원도·경상도·전라도의 산간지대에서도 작은 '고추 박'에 어린아이의 오줌을 받았다(이규태, 1983 [2] ;281).

　안팎의 뒷간을 멀리 두고도 큰 불편을 느끼지 않은 것은 요강 덕분이었으며 오줌 뿐 아니라, 때로는 똥도 누었다. 분지(糞池)라는 별명은 이에서 왔다. 큰집에는 요강도 여럿이어서 이를 닦는 일을 도맡는 '요강 담사리'를 따로 두었다. 옛적에는 혼수 가운데 놋요강과 놋대야를 첫손에 꼽았으며『산림경제』에서도, "살림이 어려우면 대야 대신 요강 둘을 마련해 준다."고 하였다.

　창덕궁에는 구리요강이 있다(사진 251·사진 252). 길이 49.5센티미터, 가운데 너비 20센티미터, 깊이 12센티미터이다. 앞이 뒤보다 조금 더 들렸다. 형태는 오늘날 병원의 환자 변기 그대로이다. 대한 제국 말기에 서양에서 들어 왔을 가능성이 높다. 녹이 잔뜩 낀데다가, 바닥에도 작은 구멍이 촘촘하게 났다.

　산삼을 찾아다닌 심마니들은 휴대용 요강인 수룽박을 언제나 차고 다녔다. 산신의 나라를 더럽히면 산삼은커녕 큰 벌을 받는다고 여긴 까닭이다. 이에 오줌을 받아 큰 수룽박에 모았다가 산 밖에서 버렸다(이규태, 2001;445).

　요강은 외국인에게 특별하게 비쳤다. 다음은 과거 급제자의 행렬 가운데 요강

사진 250 요강 뚜껑을 타구나
촛대로도 이용하였다.

망태기를 메고 따르는 하인에 관한 이야기이다(사진 249).

　뒤에 하인 하나가 새끼로 엮은 망태를 어깨에 멘 채 걷고 있었다. 그 안에서 지름 25센티미터에 깊이 12센티미터쯤 되는 둥그스름한 구리 단지가 (중략) 반짝였다 (중략) 내가 옆 친구에게 "무슨 통조림인가?" 묻자, 껄껄 웃으며 대답했다.

　"(전략) 저러한 단지는 대체로 뚜껑은 있으나 손잡이는 없으며, 금속으로 만듭니다. (중략) 각자 자기 것이 있고, 외출할 때나 여행 중에 늘 가지고 다닙니다. 가난한 사람은 스스로 나르지만, 부자는 청소와 운반을 맡는 요강 담사리를 따로 둡니다. 여행 중의 관리도 관인처럼 소중하게 다룹니다."

　"어디에 씁니까?"

　"밤낮은 물론이고, 혼자 있거나 여럿이 있거나 오줌을 누고 싶을 때 씁니다." 주인이 눈짓을 하면 담사리가 얼른 다가와서 건네줍니다. 그는 슬그머니 긴 바지 속으로 집어넣습니다. 조금 뒤 조심스레 뚜껑을 닫아 깊숙한 바지 속에서 꺼내어 다시 담사리에게 줍니다. 단지는 타구(唾具)로도 쓰고, 뚜껑 안에 약간의 장치를 해서 휴대용 촛대로도 이용합니다. (중략) 용도가 이처럼 다양한 만큼 '국민의 단지(vase national)'라 불러도 좋을 것입니다(Charles Varat, 1884;310).

사진 251·252 구리요강
노을날 병원의 응급환자실 등에서 쓰이는 변기를 빼닮았다. 이것도 일상용이 아니라 특별한 경우에
썼을 것이다. 옆을 보면 뒤보다 앞이 조금 더 들린 배(船) 모양이다.

"뚜껑 안에 장치를 해서 촛대로도 쓴다"는 내용은 이색적이다. 그림에 뚜껑
가운데에 초를 세울 둥근 테가 보인다. 그리고 이 테 한쪽에 파놓은 홈은 담뱃대를
걸쳐놓기 위한 것인 듯 하다.

다음은 김삿갓으로 알려진 조선시대 김병연(金炳淵, 1807~1864)의 요강의 공
덕을 기리는 시이다.

요강 덕분에 밤중에도 귀찮게 드나들지 않으니(賴渠深夜不煩扉)
편히 누운 자리에 가까이 있어 매우 고맙구나(令作團隣臥處圍)
주정꾼도 그 앞에서는 단정하게 무릎을 꿇고(醉客持來端膝跪)
어여쁜 계집이 끼고 앉으면 살이 보일까 조심조심 속옷을 걷는구나(態娥挾坐
惜衣收)
똥똥하고 단단한 생김새는 유명한 안성맞춤인데(堅剛做休銅山局)
쏴 하고 오줌 누는 소리는 흰 폭포가 나는 듯하다(灑落傳聲練瀑飛)
가장 공이 많은 것은 비바람 치는 새벽에 편리하고(最是功多風雨曉)
모든 곡식의 거름이 되어 사람을 살찌우는 것이로다(偸閑養性使人肥)

(3) 요강 속담

① **시앗 싸움에 요강장수**

아무 관계가 없는 사람이 끼어 들어 참견한다.

두 사람의 싸움에 제 삼자가 덕을 본다.

② **헌 분지 깨고 새 요강 물어준다.**

작은 실수로 큰 손해를 본다.

③ **요강 단지 받들 듯**

매우 조심한다.

④ **복 있는 과부는 늘 요강 꼭지에 앉는다.**

운수가 좋은 사람은 좋은 일만 생긴다.

⑤ **사위가 고우면 요강 분지(糞池)를 쓴다.**

사위는 처가에서 극진한 대접을 받는다.

⑥ **요강 뚜껑으로 물 떠먹은 듯 하다.**

꺼림칙하다.

⑦ **시집 열 두 번 갔더니, 요강 시울에 선 두른다.**

무슨 일을 여러 번 당하면, 좋은 일도 있다.

①~③은 사기요강의 깨지기 쉬운 점을 경계하는 말이다. ④는 외설담이고, ⑤의 '요강 분지'는 똥·오줌을 함께 누는 요강으로, 사위를 귀히 여기는 나머지 오줌도 똥도 요강에 누인다는 뜻이다. ⑦의 유래는 알 수 없다.

이 밖에 대머리를 '요강 대가리'에 빗대며, 바지의 솜이 아래쪽으로 처져서 통통하게 보이는 사람을 '요강도둑'이라 놀린다.

▶ 매우(梅雨)틀

(1) 말의 뜻

'매우'는 똥·오줌을 이르는 한자이다. 매(梅)는 큰 것, 우(雨)는 작은 것을 빗

사진 254 매우틀 옆모습
앞쪽의 턱에 발을 올려놓는다. 왼쪽 끝에 가리개를 박았던 구멍 두 개가 있다. 20세기에 들어와 만든 것으로 보인다.

댄 향기로운 이름이다. 매우틀은 매화틀로 더 알려졌다. 실상 매우는 매화로 들리기 쉽다. 일반에서도 뒷간을 매화간이라 부른다. 고문헌에는 매우틀이 亇要機·亇要·亇腰·馬腰·馬要·馬要機·每要 등으로 올라 있다.

우리는 이것을 적어도 16세기 이전부터 썼다. 1517년에 나온 『훈몽자회』에서 '투유'를 '매유통 투 俗呼後桶'이라고 새긴 것이 그것이다(초 중;3). 후통은 '뒤 보는 통'의 뜻일 터이나, 다른 용례는 보이지 않는다.

18세기 중엽의 『물보』에서 "측투(廁楡)를 마유라고 한다(廁楡 東圊 마유)"는 내용이 들어있다. '매유'가 '마유'로 바뀐 것이다(『17세기 국어사전』에는 매유나 마유가 올라 있지 않다). 이로써 오늘날의 '매화'는 매유→마유→매우를 거쳐 굳어진 것을 알 수 있다. 매유에서 매우가 나왔을 가능성도 없지 않지만, 우리 말 매유에 한자 梅雨 붙인 결과인지도 모른다. 그리고 '매우' 보다 '매화'라 부르는 것이 쉬운 까닭에 '매화'로 굳었을 것이다.

(2) 문헌 속의 매우틀

우리네 임금이 언제부터 매우틀을 썼는지 알 수 없다. 고려 공민왕이 뒷간 출입을 하였다는 기록을 보면 이 보다 늦은 듯하다(『고려사』 제131권 열전 권47). 조선시대 성종도 뒷간에 드나들었다(『성종실록』 25년 〔1494〕 8월 22일).

조선시대의 임금·왕비·대비는 매우틀을 썼다(사진 253·사진 254). 창덕궁에 남아 있는 것의 크기는 가로 39.5센티미터, 세로 22.5센티미터, 높이 21센티미터이다. 겉에 우단을 씌웠으며, 뒤는 터지고 앞은 막혔다. 일을 볼 때는 틀 아래쪽 좌우 양쪽에 붙인 턱(7.5×5센티미터)에 발을 올려놓는다. 전면 안쪽에도 긴 네모꼴 구멍이 있고, 바닥에 조각 나무를 대어 홈을 붙였다. 이곳에 낮은 가리개를 세웠을 것이다.

매우틀을 간수하는 복이 나인은 잘게 썬 여물을 그릇에 깔고, 틀 안에 넣어두었다가 일이 끝나는 대로 여물을 다시 뿌려 덮는다. 임금의 매우틀은 침전·편전(便殿)·정사를 보는 곳 등에 두었다. 따라서 매우틀이 놓인 곳이 곧 뒷간이었다. 그가 똥·오줌을 누는 동안 내시나 지밀상궁이 지켜 서 있었다.

이것은 상류층에서도 썼다. 강릉시 선교장(船橋莊)의 것이 좋은 보기이다(사진 255). 창덕궁 것을 닮았으나, 맨 나무이며 앞에 가리개 삼아 쪽널을 붙였다. 바닥이 없는 것으로 미루어, 똥을 눌 때에는 구멍 안에 그릇을 넣어 두었다가 들어내었을 것이 쭈그려 앉기 어려운 노인을 위해 만든 것이다.

12. 똥·오줌의 민속

▶ 똥의 민속

(1) 어원

1449년에 나온 『월인천강지곡(月印千江之曲)』에 '糞은 똥이라'고 적혔다.
다음은 용례이다.

똥ㅣ 다외며 오조미 두외오(爲糞爲尿)(『능엄경언해』 8~99).
똥이 둘며 뿌믈 맛보더니(『삼강행실도』 20)
똥 糞(『훈몽자회』 상 15)

한편, 1908년에 나온 『동언교략(東言巧略)』에는 이렇게 적혀 있다.

민간에서는 통(通)이라 한다. 대변을 똥이라 흠은 通이니, 支那語(중국어)에
馬糞을 馬桶이라 ᄒ고 今人은 溷厠을 通厮ㅣ라 ᄒ니 皆是라.

통(通)은 그 소리 값이 똥에 가까울 뿐, 아무 관련이 없다. 더구나 마분을 마통

이라 한다는 대목에는 웃음이 나온다. 근거 없는 엉터리 설이기 때문이다.

똥을 누는 행위를 이르는 '뒤보다'는 1670년에 나온 『노걸대언해』에 처음 보인다.

내 물 자바쇼마 네 뒤보라 가라 나는 뒤보기 마다 네 길흘 픠워 흐고 길 ᄯ 새
셔 뒤보기 말라(我拿着馬 你淨手去 我不要淨手 你離路兒着 休在路邊淨
手)(상;37).

똥 누는 일을 불교 용어(淨手)로 표현한 것이 이채롭다.

대변이라는 말은 15세기에 이미 쓰였다. 1489년에 나온 『구급간이방』의 용례이다.

ᄇᆞᄅᆞᆷ마자… 대변이 굳거든(中風… 大腸澁滯)(1;11)

추미 대변으로 나게 흐면 ᄀᆞ장 됴흐니라(就涎自大便出 極妙)(1;96).

'대소변'이라는 말도 17세기 이전부터 썼다. 1617년에 간행된 『동국신속삼강행
실도(東國新續三綱行實圖)』의 보기이다.

아비 병흐야 대쇼변을 블통커늘(父淮祖嘗患 便澁不通)(효;2)

똥은 '물'이라고도 일렀다. 『역어유해』에서 피똥(血痢)을 '발근 물'(상;61),
물찌똥(水痢)을 '믈근 물'이라 새긴 것이다(상;61). 그리고 똥은 '큰물', 오줌은 '
져근물'로도 불렸으며, 이를 누는 일은 '말보다' 또는 '말보기'였다. 1459년에 나온
『월인석보』의 내용이다.

차바 눌 머거도 自然히 스러 몰보기를 아니흐니(1;26)

몰 보기를 흐니 남진 겨지비 나니라(1;43).

머근 後에아 몰보기를 흐니(1;43)

다음은 비슷한 시기(1467)에 나온 『목우자 수심결(牧牛子修心訣)』의 것이다.

옷 니브며 밥 머글 쁴 오직 이리로 몰보며 오줌 눌 쁴 오직 이리코(著衣喫飯 時예 但伊麼 屙屎送尿時예 但伊麼코)(27)

『17세기 국어사전』에는 '말'이 보이지 않으며, 국립국어연구원에서 낸 『표준국 어대사전』도 마찬가지이다. 그러나 오늘날에도 더러 쓴다.

한편, 몽골에서는 똥을 '모리'라 부른다. '모리 하리이'는 "똥을 누자", '모리 하르마르 바인'은 "똥이 마렵다"는 뜻이다. '모리'에는 말(馬)의 뜻도 있으며, 앞 의 보기는 옛적에 말 떼 속에 들어가서 일을 본 데에서 왔다고 한다. 우리 네 '말보 기'도 이와 관련이 있을 듯 하다. 몽골의 정착민들은 뒷간을 '조르동'이라 부른다.

(2) 똥이야기

똥은 산을, 오줌은 강을 이루는 신성한 물질이다. 제주도의 선문대할망 전설이다.

선문대할망은 어찌나 키가 큰지 한라산을 베개 삼아 누우면 발이 바다에 잠겼 다. 어떤 날 한쪽 발을 선상면 오조리의 식산봉에 디디고, 다른 쪽은 성산면 성산 리의 일출봉을 디디고 앉아 오줌을 누었다. 오줌 줄기는 산을 무너뜨리고 큰 강 을 이루었다. 이 때 산이 하나 무너져 떠내려간 것이 소섬이다.

그네는 먹기도 무한정이었다. 너무 먹어대어서 먹을 것이 떨어졌다. 배가 몹시 고 파 수수범벅을 만들어 마음껏 먹었다. 그네의 똥은 농가물의 궁상망 오름이 되었다.

제주도 탄생 설화이다.

옛적에 장길손이라는 거인이 있었다. 먹을 것이 모자라 언제나 배가 고팠다. 돌·흙·나무 따위를 닥치는 대로 먹고 배탈이 나서 설사를 하였다. 설사가 흘러 내려 태백산맥이 되고, 똥 덩어리는 튀어서 제주도가 되었다.

남신의 경우도 그렇지만, 특히 여신의 배설물이 식물이나 보물이 되는 모티브 를 지닌 신화는 일본을 비롯하여 세계 각지에 분포한다. 인도네시아의 셀람도에

사는 웨말레(Wemale)족 신화에는 여신인 하이누웰레가 누는 무한정의 똥이 고가의 보물이 되었고, 그녀가 죽은 뒤 몸의 각 부위에서 각종의 씨앗이 나왔다. 또 아메리카 원주민의 하나인 나체즈(Natchez)족 신화에서는 여인이 바구니에 눈 똥이 옥수수와 콩이 되었다. 그리고 이 여인이 죽고 나서 불에 태우자 옥수수·콩·호박 등이 나왔다고 한다.

똥은 변신의 상징이다.

(전략) 원효는 늘 혜공(惠空) 스님에게 가서 묻고 혹은 서로 장난도 쳤다. 어느 날 둘이 시내를 따라 가면서 물고기와 새우를 잡아먹다가 돌 위에 똥을 누었다. 혜공이 "그대가 눈 똥은 내가 잡은 물고기요" 하였다. 이로써 절 이름이 오어사(吾漁寺)가 되었다(『삼국유사』 권4 의해 이혜동진).

똥을 사람의 그릇을 재는 잣대로 삼았다.

제22대 지철로왕(智哲老王)의 (중략) 시호(諡號)는 지증(智證)이다. (중략) 그의 자지는 길이가 한 자 다섯 치나 되어 배필을 얻기 어려웠다. 사자를 삼도에 보내 아내감을 찾았다. 사자가 모량부(牟梁部) 동노수(冬老樹) 밑에 이르자, 개 두 마리가 북만한 똥 덩어리의 양쪽을 물고 싸우고 있었다. 마을 사람에게 똥 임자를 묻자, 한 소녀가 "여기서 빨래를 하던 모량부 상공(相公)의 딸이 숲 속에 숨어서 눈 것입니다" 하였다. 집으로 찾아가 살펴보았더니, 여자의 키가 7척 5촌이나 되었다. 임금은 (중략) 왕비로 삼았다(『삼국유사』 권1 기이1 지철로왕).

똥 맛으로 병의 정도를 재었다.

김손지(金遜之)는 (중략) 아비가 병으로 고생하자 똥을 맛보면서 소리 내어 울고 자신의 몸으로써 대신하기를 빌었습니다(『단종실록』 3년 〔1452〕 2월 29일).

『오륜행실도』에도 "똥이 쓰면 곧 낫지만, 달면 더 깊어진다"고 적혔다. 이러한 관습은 근래까지 이어졌다.

내가 장가들어 역시 십 년 만에야 얻었던 아들놈이 내 내림에서였던지, 오랜
똥질로 위급하게 되어 우리 내외가 어린것을 안고 병원 문전을 가로 뛰고 치뛰
며 찾아다니던 날, 어머니가 그 똥을 손끝으로 꾹 찍어서 맛을 보고 "애들아 아
무 탈 없겠다"하며 그 끝에 지나가는 말처럼 한 얘기다. 그때에 내 나이는 불혹
에 가까웠다. 그 나이에서 나는 똥의 사연 때문에 어머님의 사랑의 무게를 조금
은 알기에 이르게 되었다(예용해, 1979;14).

똥으로 병을 고친다.
열이 높거나 조급증이 심하면, 더운물에 똥을 풀어먹인다. 악성종기도 똥을 초
에 버무려 붙이면 하루 만에 근이 빠진다. 목이 터져서 피가 나고 온몸이 부어오르
는 소리꾼은 똥물을 마셨다고 한다. 타박상이 심하면 푹 삭은 똥을 삼베에 걸러
서 저녁마다 사흘 동안 마시고 땀을 내었다. 몹시 놀란 사람도 이같이 하였다.
근래에도 똥으로 습진을 다스렸다.

나는 얼굴에 솔이 자주 났다. 솔이라는 말이 표준말인지 또는 사투리인지 모
르겠으나, 요즘에는 좀처럼 듣기 어려운 말인데, 입 언저리며 아래턱 같은 데 돋아
나는 습진의 한 종류를 그렇게 불렀다. 그 솔 때문에 한동안 애를 태우다 못한 할
머니는 어느 하루 양밥을 하러 가자고 했다. 그때는 ㄷ 도시에서 살고 있을 무렵
이었는데, 툭하면 비손 잘하고 양밥 좋아하던 할머니라 또 무슨 양밥일까 하고
따라나섰더니, 시가지를 빠져나가 시냇물을 건너서 보리가 누릇누릇한 밭머리
두렁에 나를 앉히고는 느닷없이 똥을 누라고 한다. 나오지 않는 똥을 누라니 그
것도 딱했으나, 영문도 모르고 바짓말을 까고 한동안을 낑낑대다가 대추씨만한 똥
을 누자 보릿대궁이를 주섬주섬 꺾어 묶은 다발에 불을 지펴서, 그것을 까맣게
태운 다음에 느닷없이 내 턱밑 솔에 문질러 바르는 것이었다(예용해, 1979;16).

이 밖에 똥으로 병을 고치는 내용을 담은 조선시대의 의학서는 이루 헤아리기

어려울 정도로 많다. 장수를 바라는 뜻에서 아이 이름에 일부러 똥자를 붙이는 풍습도 오래 되었다. 1617년에 나온 『동국신속삼강행실도』의 '똥금이'와 '똥비'가 좋은 보기이다.

똥금이는 슌텬부 사룸이니 졍병 오계손의 겨집이라(烈女圖 2;62 b).
똥금이는 김뎨군 사룸이니 향니 니당의 겨집이라(烈女圖 2;61 b).
똥비는 셔울 사룸이니 관로 범산의 겨집이라(烈女圖 2;51 b).

조선시대 세조의 원손(元孫) 휘(諱)는 '똥(糞)'이었으며, 고종의 아명(兒名)은 '개똥이', 황희 정승은 '도야지(都耶只)'였다. 이밖에 개똥(開東)이·쇠똥(召東)이·말똥(馬東)이·똥개 등도 흔했고, 심지어 뒷간이(厠間)도 있었다.

조선 후기의 실학자 정약용(丁若鏞, 1762~1836)은 성벽을 기어오르는 적군을 똥포(糞砲)로 물리치자는 주장을 폈다. 『여유당전서보유(與猶堂全書補遺)』에 실린 국방편 민보의(民堡議)의 내용이다(與猶堂集 卷之 181 3책).

똥포는 얼굴에 쏘는 무기이다. 성 안에 항아리 네 개를 두고 위, 아래 사람과 남녀가 따로 뒷간으로 쓰게 한다. 그 안의 똥에 때로 허드레 물을 섞은 다음, 잘 저어서 흙탕처럼 만들어 대나무 통에 담는다. 통 끝의 작은 구멍을 적에 대고 내용물을 쏜다. 통 안에 풀 뭉치는 넣어서 입구를 막으며, 둥근 나무로 만든 밀대를 통 안으로 밀면(풀 뭉치 대신 둥근 나무 끝에 삼 새끼를 동여매어도 좋다) 똥물이 튀어나간다. 힘이 있으면 대 여섯 걸음 밖으로 나가며, 또 얼굴을 맞출 수도 있다(풀 뭉치에는 끈이 달려서 쏘고 난 뒤에 다시 당긴다). 바가지를 쓸 수도 있지만, 허비되는 양이 많을 뿐더러 적중률도 낮다.

똥포는 양철로 만든 모기약 뿜개나, 어린이 장난감인 물딱총과 같은 것이다. 실전에 이용되었을 가능성은 적지만, 매우 기발한 착상임에 틀림없다.

꿈에 똥을 보면 부자가 된다. 그 빛깔이 금과 같기 때문이다. "걷다가 똥을 밟으면 그 날 운수가 좋다"는 말도 이에서 나왔다. 꿈에 똥을 지고 집으로 들어오거나, 남에게서 똥을 받거나, 똥통에 빠지는 것도 좋다. 그러나 똥·오줌의 벼락을 맞거나, 똥을 잃거나 집밖으로 쓰러내면 집안이 망한다. "물건을 훔치러 들어간 도둑이 그 집에 똥을 누면 잡히지 않는다"거나, "똥을 오래 누면 장수한다"는 말은, 마음의 여유를 가지면 좋다는 뜻이다.

남이 똥을 눌 때 들여다보거나 말을 걸면 귀가 먹고, 그 옆에 서 있으면 머리카락이 빠진다고 한다. 똥 누는 행위를 남에게 보이고 싶지 않기 때문이다. "방 갓(方笠)을 쓰고 똥을 누면 벼락을 맞는다"는 말은, 상제가 이를 쓴 채 뒤를 보면 조상에게 불경이 된다는 뜻이다.

(3) 똥 속담

① **가랑잎으로 똥 싸 먹겠다.**

   갑자기 가난한 신세가 되었다.

② **똥구멍이 찢어지게 가난하다.**

   매우 곤궁하다.

③ **경주인(京主人) 집에 똥 누러 갔다가 잡혀간다.**

   애매한 일로 봉변을 당한다.

④ **남이 눈 똥에 주저앉는다.**

   남의 탓으로 해를 입는다.

⑤ **곱다고 안아준 아기 바지에 똥 싼다.**

   은혜를 베풀고도 오히려 해를 받는다.

⑥ **아이를 예뻐하면 옷에 똥칠한다.**

   어리석은 사람을 가까이 하면 봉변 당한다.

⑦ **얼굴에 똥칠한다.**

   체면을 잃는다.

⑧ **궤 속에서 녹슨 돈은 똥도 못 산다.**

   돈은 쓸 때 써야 값어치가 있다.

⑨ **아끼다가 똥 된다.**

   물건을 아끼다가 결국 못 쓰게 만든다.

⑩ 똥 덩이 굴리듯 한다.

아무렇게나 다룬다.

⑪ 똥 때문에 살인난다.

하찮은 일로 싸움을 한다.

⑫ 급하다고 갓 쓰고 똥 누랴?

아무리 급해도 예의는 지켜야 한다.

⑬ 양반은 헌 갓 쓰고 똥 누지 않는다.

지나치게 고지식하다.

⑭ 헌 갓 쓰고 똥 누기

이미 망신을 당하면 아무 짓을 해도 무관하다.

⑮ 이 샘물 안 먹는다고 똥 누고 가더니 다시 와서 먹는다.

누구에게나 잘 대하는 것이 좋다.

⑯ 다시 긷지 않는다고 우물에 똥 눌까?

뒷일을 염두에 두고 행동하라.

⑰ 똥 마려운 계집 국거리 썰 듯

제 일이 급하면 남의 일에 정성을 기울이기 어렵다.

⑱ 소나기는 오려하고, 똥은 마렵고, 꼴짐은 넘어지고, 소는 뛰어나갔다.

서두르면 일의 순서를 잃기 쉽다.

⑲ 급하면 밑 씻고 똥 눈다.

아무리 급해도 사리에 따라 일을 처리해야 한다.

⑳ 똥은 건드릴수록 구린내만 난다.

나쁜 사람을 건드리면 불쾌한 일만 생긴다.

㉑ 똥은 칠수록 튀어 오른다.

성품이 궂은 사람은 바로 일러주어도 소용없다.

㉒ 똥은 말라도 구리다.

본 바탕이 틀린 사람은 어쩔 도리가 없다.

㉓ 똥이 무서워서 피하나, 더러워서 피하지

악한 사람은 아예 피하는 것이 낫다.

㉔ 똥 보고 밟는 사람 없다.

　　모르면 해를 입는다.

㉕ 똥 친 막대기

　　더러워서 쓸모가 없다.

㉖ 우는 아이 똥 먹인다.

　　어려운 사람을 더 어렵게 만든다.

㉗ 우물 밑에 똥 눈다.

　　매우 심술궂다.

㉘ 똥 누는 놈 주저앉힌다.

　　힘없는 사람을 구렁텅이에 빠뜨린다.

㉙ 똥 싸고 매화 타령한다.

　　제 잘못을 모르고 잘난 체 한다.

㉚ 똥 싸고 성낸다.

　　잘못한 사람이 오히려 큰 소리 친다.

㉛ 똥 싸 놓고 제 자리에서 뭉갠다.

　　어리석고 못 났다.

㉜ 똥 싼 년이 핑계 없을까?

　　무슨 일에나 남의 탓을 잡는다.

㉝ 무섭지는 않아도 똥 쌌다는 격이다.

　　구차한 변명을 늘어놓는다.

㉞ 먹은 놈이 똥 싼다.

　　죄를 지으면 반드시 벌을 받는다.

㉟ 잘 알면서 새 바지에 똥 싼다.

　　능숙한 사람이 엉뚱한 실수를 저지른다.

㊱ 범도 보기 전에 똥 싼다.

　　지레 겁을 먹는다.

㊲ 명주바지에 똥싸개이다.

　　겉은 훌륭하나 속은 형편없다.

㊳ 살 짬에 똥 싼다.

곤란한 처지에 또 어려움을 겪는다.

㊴ 새 바지에 똥 싼다.

염치없는 짓을 한다.

㊵ 한 살 더 먹고 똥 싼다.

나이를 먹어 가면서 철없는 짓을 더 한다.

㊶ 마음은 걸걸해도 왕골자리에 똥 싼다.

말로는 잘난 체 하지만, 실제로는 못난 짓만 골라 한다.

㊷ 혼인 날 똥 싼다.

남에게 잘 보이려 하다가 도리어 망신당한다.

㊸ 똥 누러 가서 밥 달라고 한다.

일의 순서를 모른다.

㊹ 똥 누러 갈 적 마음 다르고 올 적 마음 다르다.

급할 때는 애걸하더니, 일이 끝나자 모른 체 한다.

㊺ 똥 누면 분칠해서 말려 두겠다.

지나치게 인색하다.

㊻ 똥물에 튀 해 죽이려 해도 똥이 아까워 못 죽이겠다.

아주 쓸모가 없는 사람이다.

㊼ 똥물에 튀길 놈이다.

미련하고 못났다.

㊽ 똥 싼 놈은 달아나고 방귀 뀐 놈이 잡힌다.

애매한 사람이 해를 입는다.

㊾ 콩 죽 먹은 놈 따로 있고 똥 싸는 놈 따로 있다.

큰 죄인은 빠져나가고 잘못이 적은 사람만 벌 받는다.

㊿ 쇠 먹은 똥은 삭지 않는다.

뇌물을 주면 반드시 효과가 있다.

(51) 오뉴월에 똥 도둑도 못해 먹겠다.

무능하기 짝이 없다.

(52) 밥 팔아 똥 사먹겠다.

미련해서 제 몫도 못 챙긴다.

(53) 뼈 똥 쌀 일이다.

몹시 기가 막힌다.

(54) 서울 사람을 못 속이면 보름동안 똥을 못 눈다.

시골 사람이 오히려 서울 사람을 잘 속인다.

(55) 빨리 먹은 밥 똥 눌 때 보자 한다.

서두르면 탈이 생긴다.

(56) 똥도 못 누고 불알에 똥 칠만 한다.

목적도 못 이루고 도리어 낭패를 본다.

(57) 제가 눈 똥에 주저앉는다.

자신이 한 일에 걸려들어 해를 입는다.

(58) 제 똥 구린 줄 모른다.

자기 잘못을 모른다.

(59) 제 얼굴엔 분 바르고 남의 얼굴엔 똥 바른다.

잘못된 것은 남의 탓으로 돌리고, 잘 된 것은 자기를 앞세운다.

(60) 채 맞은 똥 덩이 냄새 풍기듯 한다.

좋지 못한 일의 여파가 크게 번진다.

(61) 촌놈은 똥 배 부른 것만 친다.

질보다 양이 많은 것을 좋아한다.

(62) 똥 맛도 보겠다.

지나치게 아부한다.

(63) 과부네 집 똥넉가래 내세우듯 한다.

앞 뒤 가리지 않고 호기만 부린다.

(64) 누지 못하는 똥을 누라 한다.

되지 않을 일을 억지로 시킨다.

(65) 눈썹만 뽑아도 똥 나오겠다.

작은 괴로움도 견디지 못한다.

⑥⑥ 댓진 먹은 뱀 대가리, 똥 찌른 막대기이다.

운명이 다 하였다.

⑥⑦ 꼿꼿하기는 서서 똥 누겠다.

자기만 옳다고 주장하며 남의 말을 듣지 않는다.

⑥⑧ 핫바지에 똥 싸는 비위이다.

배짱이 두텁다.

⑥⑨ 똥구멍으로 호박씨 깐다.

겉으로는 어리석은 체 하나 속은 의뭉스럽다.

⑦⓪ 똥 뀐 년이 바람 마지에 선다.

미운 사람이 더 미운 짓만 한다.

⑦① 똥 누고 밑 씻지 않은 것 같다.

일을 마치지 못해서 꺼림직 하다.

⑦② 똥인지 호박 국인지 모르겠다.

구별하기 어렵다.

⑦③ 무릇인지 닭똥인지 모르겠다.

구별하기 어렵다.

⑦④ 적게 먹고 가는 똥 누어라.

욕심 내지 말고 분수에 맞게 살아라.

⑦⑤ 처녑에 똥 쌓였다.

할 일이 많다.

⑦⑥ 청백리 똥구멍은 송곳 부리 같다.

청렴한 사람은 가난하다.

⑦⑦ 똥자루도 위아래가 있다.

선후를 잘 가려야 한다.

⑦⑧ 신 안에 똥을 담고 다니나, 키도 잘 큰다.

키가 쑥쑥 자란다.

⑦⑨ 똥 떨어진 데 섰다.

뜻밖에 재수 좋은 일이 생겼다.

⑧⓪ 똥을 주물렀나 손속도 좋다.

　　노름판에서 운 좋게 잘 딴다.

⑧① 똥 싼 누더기바지 치키듯 한다.

　　남을 자주 칭찬한다.

⑧② 버릴 것은 똥밖에 없다.

　　매우 유능하다.

⑧③ 똥 묻은 속곳을 팔아서라도 하겠다.

　　어떤 수단이라도 쓰겠다.

⑧④ 앉아 똥 누려면 발허리나 시지.

　　앉아서 똥누는 것보다 쉽다.

⑧⑤ 의주(義州) 파천(播遷)에도 곱똥은 누고 간다.

　　아무리 바빠도 틈을 낼 수 있다.

⑧⑥ 의주 파발도 똥 눌 새는 있다.

　　아무리 바빠도 틈을 낼 수 있다.

똥은 부정적인 이미지가 강하다.

똥은 가난 ①·②, 봉변 ③·④·⑥, 배은 ⑤, 불명예 ⑦, 하찮음 ⑧·⑨·⑩·⑪을 나타낸다. 갓과 똥 누기는 예의 ⑫, 지나친 형식 ⑬, 몰염치 ⑭·㊴·㊵를 상징하고, 샘·우물·똥 누기는 친절 ⑮·⑯과 연관이 깊다. 똥은 참기 힘들고 ⑰·⑱·⑲, 더러우며 ⑳·㉑·㉒·㉓·㉔·㉕, 짓궂다 ㉖·㉗·㉘.

똥은 허물 ㉙·㉚, 어리석음 ㉛·㊳·㊶·㊸·㊻·㋒·㋘, 핑계 ㉜·㉝, 죄 ㉞·㊽·㊾, 실수 ㉟·㋕, 겁 ㊱, 부실 ㊲, 낭패 ㊷·㋖, 변심 ㊽, 인색함 ㊺, 쓸모 없음 ㊻, 미련함 ㊼·㋒·㋗, 뇌물 ㋐, 무능 ㋑, 기막힘 ㋓, 속임수 ㋔·㋩, 자기 과시 ㋙, 악영향 ㋚, 촌스러움 ㋛, 아부 ㋜, 오기 ㋝·㋧·㋨, 억지 ㋞, 비운 ㋖, 미움 ㋪, 미완성 ㋫, 모호함 ㋬·㋭ 등을 이른다.

이와 대조적으로, 긍정적인 이미지도 깃들였다.

똥은 분수 ㋮, 의무 ㋯, 청렴 ㋰, 위계질서 ㋱, 빠른 성장 ㋲, 행운 ㋳·⑧⓪, 칭찬 ⑧①, 선함 ⑧②, 수단 ⑧③, 쉬움 ⑧④, 휴식 ⑧⑤·⑧⑥ 등을 상징한다.

(4) 똥에 관한 말

① 똥물　　　　　　　몹시 토할 때 마지막에 나오는 누르스름한 물

② 똥배　　　　　　　뚱뚱하게 불러서 내민 배

③ 똥배짱　　　　　　터무니없는 엉터리 배짱

④ 똥자루　　　　　　키가 작고 뚱뚱하며 볼품이 없는 사람

⑤ 똥갈보　　　　　　갈보의 낮은 말

⑥ 똥주머니　　　　　지지리도 못나서 아무 데도 쓸모가 없는 사람

⑦ 똥줄이 당기다.　　어떤 일에 뒤가 켕기어 몹시 겁내다.

⑧ 똥줄 나다.　　　　몹시 다급하게 쫓기다.

⑨ 똥줄 메다.　　　　다급한 사태에 부닥쳐 어찌할 바를 모르고 쩔쩔매다.

⑩ 똥줄 빠지다.　　　똥을 쌀 지경이라는 뜻에서, 몹시 놀라 급히 달아
　　　　　　　　　　나는 것을 뜻한다.

⑪ 똥값　　　　　　　터무니없이 싼 값

⑫ 똥개　　　　　　　똥을 먹는 개라는 뜻으로, 어떤 사람을 멸시하는 말
　　　　　　　　　　로도 쓴다.

⑬ 똥고집　　　　　　매우 센 고집

⑭ 똥 뀌다.　　　　　방귀 뀌다.

⑮ 똥 끝 타다.　　　　애를 몹시 쓰다.

⑯ 똥뫼　　　　　　　자손이 돌보지 않아 버려진 무덤

⑰ 똥질　　　　　　　설사 이질 따위로 배탈이 나서 똥을 자주 누는 일.

⑱ 똥집　　　　　　　바보·몸무게·큰창자의 속된 말.

⑲ 똥 창이 맞는다.　　생각이 같다. 배짱이 맞는다.

⑳ 똥치　　　　　　　갈보의 낮은 말

㉑ 똥탈　　　　　　　배탈의 낮은 말

㉒ 똥통쟁이　　　　　똥을 지고 다니는 사람

㉓ 똥퍼　　　　　　　똥을 푸는 직업을 가진 사람

㉔ 똥퍼방　　　　　　똥을 처리하는 곳

㉕ 똥항아리　　　　　지위만 높고 아무 재능이 없는 사람

먹기만 하고 하는 일이 없는 사람

똥을 '뒤'라고도 둘러대었다

① 뒤가 급하다.	똥이 곧 나올 듯 하다.
② 뒤가 터지다.	사람이 죽게 되어 똥이 함부로 나오다.
③ 뒤가 트이다.	똥이 잘 나오다.
④ 뒤가 마렵다.	똥을 누고 싶다.
⑤ 뒤가 무겁다.	똥이 잘 나오지 않아 답답하다.
⑥ 뒤를 닦다.	똥을 누고 나서 밑씻개로 닦다.
⑦ 뒤를 보다.	똥을 누다.
⑧ 웅가	똥을 가리키는 어린이 말

(5) 똥의 변말

다음은 김종훈 등이 1985년에 낸 『은어·비속어·직업어』에서 고른 것이다(집문당). '범죄'는 범죄자들이, '학생'은 학생들이 쓰는 말이다.

① 똥	금(범죄)
② 똥 가루 흐르다.	앉다(학생)
③ 똥 가리	키 작은 사람(학생)
④ 똥 칸	교도소(범죄)
⑤ 똥 갈매기	강원도 사람(북한)
⑥ 똥 값	졸업반 여대생(학생), 혼기를 놓친 25세 이상의 처녀(북한)
⑦ 똥 강아지	행동이 추한 사람, 술집 여자(학생), 창녀(학생), 갓 입학한 여대생, 순경(군인)
⑧ 똥 같이 놀다.	유치하게 굴다(학생).
⑨ 똥 개	행동이 추한 사람(속어), 거만한 사람(학생), 경찰관(범죄·학생), 순경(군인), 창녀(학생), 4학년 여대

생(학생)

⑩ 똥 개스	방귀(학생)
⑪ 똥 개 집	사창가(학생)
⑫ 똥 걸레	지조 없는 여학생(학생)
⑬ 똥 구렁이 트위스트다.	기가 차다(학생)
⑭ 똥 구리다	대담하다(학생)
⑮ 똥 까이	매춘부(학생)
⑯ 똥 기계	바보(학생)
⑰ 똥 깡	허세(학생)
⑱ 똥 꿈	좋은 조짐(학생)
⑲ 똥 다구리	뭇매(범죄)
⑳ 똥되다.	체면이 깎이다(학생)
㉑ 똥 따리 까다.	추켜세우다(학생)
㉒ 똥 따리 먹이다.	아부하다(범죄)
㉓ 똥딸보	속옷(범죄)
㉔ 똥덩이	화폐(밀수)
㉕ 똥 마렵다.	어색하다(학생)
㉖ 똥 말	경주에서 꼴지를 한 말(경마)
㉗ 똥 물이 튀다.	엉뚱한 사건으로 연행되다(학생).
㉘ 똥바가지	농과 대학생(학생)
㉙ 똥바가지 연애	농과 대학생의 연애(학생)
㉚ 똥 바리	소(범죄)
㉛ 똥 밟다.	실수하다(학생)
㉜ 똥 방위	방위병(학생)
㉝ 똥 별	장군(군인), 사회 안전부의 위관급 장교(북한)
㉞ 똥 보	너(학생)
㉟ 빵	뒤 주머니(학생)
㊱ 똥 빼다.	힘들다(학생), 곤란을 당하다(학생).

㊲ 똥 삶다.	빈정거리다(학생).
㊳ 똥색이다.	얼굴빛이 노랗다(학생).
㊴ 똥 싸다.	힘들다(학생).
㊵ 똥 싼 바지	디스코 바지(학생)
㊶ 똥자루	키 작은 사람
㊷ 똥쟁이	수산물을 속여 파는 사람(수산)
㊸ 똥 줄	부정한 배경(범죄)
㊹ 똥 줄기	머리(학생)
㊺ 똥 줄 타다.	초조하다(학생), 1년 구형을 받다(범죄).
㊻ 똥 찡기다.	부끄럽다(학생).
㊼ 똥차	낡은 차(속어), 헌 차(군인), 시집 못 간 처녀(학생)
㊽ 똥차가 밀리다.	위로 혼인 못한 이가 있어 결혼을 미루다.
㊾ 똥 차 옆에서 방귀 뀌다.	잘하는 사람 옆에서 잘하는 체 하다(학생).
㊿ 똥 찬 설	양반(걸립패, 학생)
(51) 똥창꾼	북한과 밀수하는 자(밀수).
(52) 똥치	매춘부(범죄), 여러 번 성교한 연인(범죄), 처녀(범죄)
(53) 똥치 갈이	창녀와 동침한 밀수꾼(범죄)
(54) 똥치다.	도둑질하다(학생)
(55) 똥 타이프	남학생 타입의 여학생
(56) 똥 탈	사고(범죄)
(57) 똥 탕	심술(범죄)
(58) 똥 테	경찰 간부의 모자(범죄), 해군 장교의 모자 테(군인)
(59) 똥 통	낡은 것(속어), 농부(학생), 농과대학생(학생), 너(학생)
(60) 똥파리	아무 일에나 간섭하여 이익을 얻는 사람(속어). 형사(학생·상인), 순경(학생), 교통 순경(학생), 기동순찰대(학생), 헌병(학생), 경찰(학생)
(61) 똥 패	교도관(범죄)

⑥ 똥 패왕	교도소장(범죄)
⑥ 똥 폼	못된 남학생(학생)
⑥ 변기 통	뒷간(범죄)
⑥ 변 마담	똥(학생)
⑥ 변 보다	망 보다(범죄, 걸인)
⑥ 변 사무소	뒷간(학생)
⑥ 변소	엉덩이(학생)

▶ 오줌의 민속

(1) 말의 뜻

오좀은 본디 오좀이었다.

오좀누는 싸홀 할흐니(『석보상절』 중, 11;25).
쏭이 두외며 오조미 두외오(爲糞爲尿흐고) (『능엄경』 8;99).
오좀뺴 방(肪) 오좀뺴 광(胱)(『훈몽자회』 상;28).

오좀이 오줌으로 바뀐 것은 17세기 이후로 생각된다. 1613년에 나온 『동의보감』에 오줌이 올라 있다(3 51; a).

'소변'은 15세기에 이미 썼다. 1489년에 나온 『구급간이방』의 용례이다.

과ᄀ리 주거 네 활기 몯 쓰고 내 쇼변을 ᄡ거든(卒死而四肢不收失便者)(1;43).
쇼변 곳 보면 즉재 됴흐리라(得小便通即差)(1;99).

『훈몽자회』에도 같은 말이 보인다.

尿 오좀 뇨 俗稱 小便 … 溲 오좀 수 又上聲水調粉麵 便 오좀 편 俗稱小便

又安也 又去聲宜也即也(초, 상 14~15).

중세와 근세에는 '져근 몰'·'쟈근쇼마'·'져근소마'라고도 하였다.

오줌의 어린이말은 '쉬'이다. '쉬 마렵다.', '쉬 눈다.' 따위가 그것이다. '쉬'는 오줌을 눌 때 나는 소리를 나타낸 말이다.

(2) 오줌 이야기

꿈에 오줌을 누면 귀인이 된다. 신라 태종 무열왕의 비가 된 문희 이야기이다.

제29대 태종 대왕의 이름은 춘추(春秋)이다. (중략) 비는 문명(文明) 황후 문희(文姬)로, 유신(庾信) 공의 끝 누이이다.

문희의 언니 보희(寶姬)가 꿈에 서악(西岳)에 올라가 오줌을 누자, 서라벌 장안에 가득 찼다. 이튿날 문희에게 꿈 이야기를 들려주었더니, "내가 그 꿈을 사겠어요" 하였다. 언니가 "어제 밤 꿈을 네게 준다"고 하자, 동생은 옷깃을 벌려 받은 다음, 비단 치마로 갚았다. (중략)

유신이 춘추공과 공을 차다가 일부러 상대 옷을 밟아 끈을 떨어뜨린 다음, (중략) 보희에게 꿰매라고 일렀다. (중략) 그러나 문희가 맡았다. 유신의 뜻을 안 춘추공은 문희와 관계하고 이어 자주 드나들었다. 유신은 누이가 임신한 것을 알고 꾸짖었다. (중략) 춘추공은 뒤에 혼례를 치렀다(『삼국유사』 권1 기이1 대(태)종 춘추공).

오줌은 위대한 인물의 탄생과 연관이 있다. 고려 태조 왕건의 할아버지 작제건 이야기이다.

보육이 (중략) 어느 날 곡령(鵠嶺)에서 남쪽으로 오줌을 누자, 삼한(三韓)에 넘쳐흘러 은해(銀海)로 변하는 꿈을 꾸었다. 이튿날 형 이제건(伊帝建)에게 말하자, 반드시 큰 인물을 낳으리라며 딸 덕주(德周)를 아내로 주었다. 거사가 된 그가 (중략) 암자를 짓자, 신라 술사가 "이곳에 살면 반드시 대당(大唐) 천자(天子)가 사위가 되리라"고 하였다. 그의 막내 딸 진의(眞義)가 (중략) 열다섯 살 때, 언니가 오관산(五冠山) 꼭대기에서 오줌을 누어 천하에 넘치는 꿈을 꾸었다. 진의에게 알리자, "비단 치마와 바꾸자"고 하였다. 언니가 꿈 이야기를 하는 사이, 그녀는 그것을 잡는 시늉을 하며 품에 안기를 세 번하였다. 이윽고 몸이 무엇을 얻은 것처럼 움쭉거리고 마음도 자못 든든하였다. (중략) 당 숙종 황제가 태자 시절 마가갑 양자동에 이르러, 두 딸을 보고 기뻐하며 터진 옷을 꿰매 달라고 하였다. 중화(中華)의 귀인임을 알아차린 보육은 (중략) 큰딸에게 방으로 들어가라고 일렀다. 그러나 문지방을 넘어가다가 코피를 흘렸다. 이에 진의가 대신 들어갔다. (중략) 진의가 임신한 것을 안 태자는 헤어질 때, 활과 화살을 건네주며 아들을 낳거든 주라고 하였다. 과연 아들이 태어났고, 그가 작제건(作帝建)이다(『고려사』세계).

고려 현종도 오줌과 연관이 있다.

(전략) 헌정왕후(獻貞王后) 황보(皇甫)씨도 역시 대종(戴宗)의 딸이다. 경종(景宗)이 죽자, 왕륜사(王輪寺) 남쪽 사제(私第)로 나갔다. 꿈에 곡령(鵠嶺)에서 오줌을 누자, 나라 안에 흘러 넘쳐 모두 은(銀) 바다가 되었다. "아들을 낳으면 왕이 되리라"는 점쟁이 말에, "과부인 내가 어찌 아들을 낳으리오?" 하였다. 안종(安宗)이 드나든 끝에 아이를 뱄다. (중략) 성종(成宗) 11년 7월, 그녀가 안종의 집에서 자는 중 가인(家人)이 불을 질렀다. (중략) 안종이 유배가자, 그녀가 울며 집으로 오다가 겨우 문에 이르러, 버드나무 가지를 부여잡고 아들을 낳고 죽었다. (중략) 아이는 뒤에 현종(顯宗)이 되었다 (『고려사』 열전1 후비 경종).

오줌에는 생명력이 깃들여 있다. 병자호란 때 조선을 침략한 홍타시의 출생담이다.

홍의 아버지 노라치가 놀다가 무덤 옆에서 한 여자가 오줌 누는 것을 보았다. 가까이 가서 살폈더니, 오줌이 묘를 뚫어 깊이가 말 채가 들어갈 만 하였다. 이상히 여겨 그녀를 데려다가 아들을 낳게 하였다. 그가 홍타시이다 (『산성일기』).
남자라고는 아비 밖에 없는 깊은 산골에서 한 처녀가 아기를 낳았다. 아이의 온 몸은 노란빛이었다. 한 스님이 햇볕 잘 드는 곳에 눕히라고 하였다. 아이는 점

점 녹으면서 오줌으로 바뀌었다. 스님은 "사람이 아니라 오줌이 맺혀서 된 것이라"고 일러주었다(두창구, 2001;220~221).

오줌은 풍어를 상징한다. 강원도 강릉시 안인진(安仁津) 해랑당(海娘堂) 전설이다.

처녀 해랑은 한 청년을 사모한 끝에 죽었다. 한 어부의 꿈에 그네가 나타나 "나를 위한 사당을 짓고, 자지를 나무로 깎아 바치면 고기를 잡도록 도와주마" 하였다. 말을 따랐더니 과연 고기가 많이 잡혔다.

그러나 자지 없이 제사만 지낸 이는 허탕이었다. 화가 난 그는 당에 가서 오줌을 누었다. 꿈에 나타난 해랑은 "형식적인 제사나 마시지 못하는 술 대신 자지를 바치되, 어려우면 오줌이라도 누라"고 일렀다. 그 뒤 고기를 많이 잡았다.

남자의 오줌은 남아의 출산을 상징한다.

산모가 진통을 시작하면 숫총각이 달려가 산모 방향으로 오줌을 누면 아들을 낳는다고 한다. 전라북도 산간지대에서 산모가 잡는 새끼줄을, 황소 오줌에 적셨던 것도 마찬가지이다(이규태, 1983 [2] ;190).

여자의 오줌은 농사의 풍요를 나타낸다.

농가에서 안뒷간의 오줌이 바깥뒷간의 것보다 거름 효과가 높다고 하여, 안 오줌 한 장군을 사랑 오줌 세 장군과 맞바꾸었다. 또 깨·수수·조 따위의 씨는 아이를 가장 많이 낳은 여인이 뿌리고, 그네의 오줌을 따로 모았다가 거름으로 주면 잘 자란다고 믿었다. 여성은 대지와 풍요 그 자체이기 때문이다. 실제로 여성의 난소에서 분비되는 여성 호르몬은 생식기관뿐 아니라, 식물의 생장발육도 촉진시키는 작용을 한다는 사실이 밝혀졌다. 여성 호르몬을 포함한 오줌을 비료로 쓰면 쌀의 수확량이 80퍼센트나 증가한다는 보고도 있다. 요강에서 울리는 처녀의 오줌발 소리를 듣고, 아내나 며느리로 삼았다는 이야기도 전한다.

집에 불이 나면, 오줌에 적신 여자 속옷을 가지고 지붕에 올라가 네 귀퉁이에서 휘두르면 잡는다는 제주도 민속도 마찬가지이다. 음기가 강한 여자의 속옷과 오줌의 신비한 힘이, 양(陽)인 불의 힘을 죽인다고 여기는 것이다. 또 쥐(子)·말(午)·토끼(卯)·닭(猶) 따위에 해당하는 날에 지붕을 덮으면 불이 난다고 하며, 부득이 이 날 지붕을 덮을 때에는 일꾼이 지붕에서 오줌을 누어서 미리 막았다.

북한의 산간 지대에서는 밤에 여우가 주둥이를 향하고 우는 집에 다음날 나쁜 일어난다 하여, 여우의 울음소리가 들리면 각 집의 노인들이 일어나서 팥을 갈며, 오줌을 누었다. 오줌의 힘과 팥의 붉은 빛이 잡귀를 쫓는다고 믿기 때문이다.

돌림병이 돌면 오줌이 담긴 병을 문에 거꾸로 걸어놓았으며, 병이 많을수록 효과가 더 높다고 여겼다(이규태, 1983 [1] 64~68).

옛적에는 오줌으로 손과 얼굴을 닦았다.

연해주·흑룡강·송화강 유역의 말갈(靺鞨)과 물길(勿吉)족이 그들이다(『삼국지』 위서, 물길전·『당서』 흑수, 말갈전). 또 읍루족(挹婁族)은 돼지를 길러 살은 먹고, 가죽으로 옷을 해 입었으며, 겨울에는 돼지기름을 온 몸에 서 푼 두께로 발라 추위를 막았다(『삼국지』 위서, 동이전). 따라서 돼지가죽에서 기름을 제거하고 몸에 칠한 돼지기름을 없애려고 오줌으로 닦은 것이다. 이들은 한국의 고대 국가인 부여와 고구려에 동화되어 우리 겨레의 일부가 되었다. 한편, 농촌에서는 겨울철에 어린 아이 오줌으로 손을 씻어 트는 것을 막았고 오줌으로 목욕도 하였다.

오줌도 약으로 썼다. 조선 현종 때의 이야기이다.

만력(萬曆) 무오년 12월 경진에 태어난 왕후는 단정하고 얌전하여 함부로 장난치며 놀지 않았다. (중략) 언니가 얼굴에 난 종기로 고생하는 중에, 어린아이의 오줌이 효험이 있다고 하였다. 김 부인이 일부러 손을 더럽히고 싶지 않다면서 뜻을 떠보자, 왕후가 손수 발라 주면서 싫어하지 않았다. 문충공이 매우 기뻐하여 기특히 여겼다(『현종실록』 15년 〔1849〕 6월 4일).

오줌은 어린 남자아이의 것이 가장 좋다고 한다. 이 때문에 왕실의 내의원에서 동변군(童便軍)·사분산군(四糞散軍)·동호 수산군(童虎水散軍)이라 하여, 약에 쓸 어린 아이 오줌을 얻을 동군(童軍)을 자주 뽑았다(이규태, 1979;81).

사진 256 키를 둘러쓰고 소금을 얻으러 가는 오줌싸개
옛적부터 어린아이가 이부자리에 오줌을 싸면 키를 씌워서 이웃으로 소금을 얻으러 보냈다. 일본에도 닮은 풍속이 있다.

그러나 오줌을 지나치게 오래 동안 마시면 해롭다. 송시열(宋時烈, 1607~1689)이 속병 치료를 위해 허목(許穆)에게서 받은 약방문에 비산(砒酸)이 들어 있었다. 주위에서 말렸지만, "당파가 다르다고 나를 해칠 사람이 아니라"며 듣지 않았다. 허목은 송시열이 어린아이의 오줌을 장복한 것을 알고 오줌버캐를 없애려고 극약 처방을 한 것이다. 오줌버캐는 오줌을 질그릇단지에 담아둔 채 삼 년쯤 지나면 바닥에 가라앉는 갈색을 띤 하얀 찌꺼기이다. 이를 인중백(人中白)이라 하여, 부인병과 장수의 비약(秘藥)으로 썼다.

오줌이 약이라는 생각은 오늘날도 마찬가지이다. 2001년 8월 3일자 동아일보에 실린 『오줌을 마시자』라는 책의 광고문이다.

감기에서 당뇨, 암, 에이즈까지 고치고 예방하는 놀라운 오줌 요법의 진실과 실체를 밝힌다. 성균관대 생명공학과 강국희 교수(동경대 박사)와 서울대 보건대학원 석사 김정희 회장(한국오줌요법연구회 회장), 부산시 약사회장을 지낸 부산 약대 출신 김용태 약사가 권하는 기적의 오줌 요법.

존슨 미국 대통령, 후쿠다 일본수상, 키신저 미국 국무장관, 데사이 인도수상 등 세계 명사들의 건강 비법.

아이가 밤에 자다가 오줌을 싸면 이튿날 아침 키를 씌워 이웃집으로 소금을 빌러 보냈다(사진 256).

그런데 말썽은 똥질에만 그치지 않았다. 오줌싸개까지 겸했으니 탈은 탈이었다. 밤중에 높은 언덕마루 같은 데서 시원스럽게 하계로 줄기찬 오줌을 눈 꿈이라도 꾸었던 날 아침이면, 어김없이 키를 둘러쓰고 사발이나 종지를 들고 이웃집에 소금을 얻으러 가야 했다. 여느 때 같으면 자상하고 다정하던 아주머님도 그런 날에는 눈을 부릅뜨며 쇠주걱으로 키를 치면서 "또 오줌 쌌구나"하며 호령을 하고 나서야 소금을 내어주는 통에 그것이 서럽고 억울하여 울며 돌아서던 일이 어제 일처럼 눈에 선하다(예용해, 1979;15).

오줌싸개에게 키를 씌운 것은 키의 많은 눈(眼)이 감시를 해서 실수를 되풀이하지 않게 해달라는 뜻인 듯하다. 또 소금에는 악귀를 물리치는 특별한 힘이 깃들여 있다고 여겨 왔다.

시계가 귀했던 시절에는 오줌을 누는 간격으로 시간을 대중하였다. 경상북도 안동 지방의 이야기이다.

시계가 없던 그 옛날에 '오줌 대중'으로 제사를 지내는 사람이 있었어. 이 어른이 지금까지 제사를 지내오면서 터득한 것이 저녁밥 먹고 나서 두 번째 오줌을 누고 나면 대충 자시(子時, 밤 11시~1시) 무렵이 된다는 거였어. 한 번은 며느리가 시아버지에게 "아뱀(아버님)이요. 이제 슬슬 준비할까요?"라고 하니, 이 어른 아직도 두 번째 오줌을 누지 않았는지라 "야야, 아직 안 된다"고 자신 있게 말했거든. 한참을 기다리다가 드디어 오줌이 마려워, 뒷간에 가서 오줌을 누면서 "이제 슬슬 제사 지내야지" 중얼거리는데, 아니 건너편에서 사람들이 지게를 지고 들로 나가잖아? 이 어른 그제야 "아이고 오늘 제사, 내 오줌 때문에 망쳤다"고 가슴을 쳤다 그래. '오줌 대중'만 믿다가 낭패봤지 뭐. (김미영, 2000;156~157).

제사 준비를 하는 며느리에게 시아버지가 아직 이르다고 하자 "제 오줌이 대

중합니다" 대답하였다는 같은 지역의 보고도 있다. 친정에서 밤에 첫 번째 오줌을
눌 무렵에 제사를 지냈던 습관이 맞아떨어진 것이다(한양명, 2000;302).

(3) 오줌 속담

① 꼴에 수캐라고 다리 들고 오줌 눈다.

　　되지 못한 사람이 잘난 체 한다.

② 도감(都監) 포수의 오줌 짐작이라.

　　일을 잘못 대중잡다가 망친다.

③ 불장난하면 오줌 싼다.

　　불장난은 위험하다.

④ 씻은 하문(下門)에 오줌 눈다.

　　일껏 깨끗이 치웠더니 곧 더럽힌다. 애써 한 일을 못 쓰게 만든다.

⑤ 언 발에 오줌 누기

　　오히려 나쁘게 되다.

⑥ 오줌 누는 새 십 리 간다.

　　세월이 빨리 지나간다. 잠시라도 쉬면 큰 차이가 난다.

⑦ 오줌에도 데겠다.

　　몹시 허약하다.

⑧ 점잖은 개가 부뚜막에 오줌 싼다.

　　점잖은 체 하더니 엉뚱한 일을 저지른다.

⑨ 제 발 등에 오줌 누기

　　스스로 명예를 떨어뜨리다.

⑩ 개가 장승 무서운 줄 알면 오줌 눌까?

　　미리 알았다면 잘못을 저지르지 않았다.

⑪ 오줌소리 듣고 외상 준다.

　　오줌누는 소리로 건강을 짐작한다.

⑫ 오줌에 씻겨 나온 놈이다.

　　아무 짝에도 도움이 되지 않는 사람이다.

똥처럼, 오줌에 관한 속담의 대부분도 부정적인 뜻을 지녔다.

오줌 금기

① 먹는 물에 오줌을 누면 저승에 가서 자기 머리털로 오줌을 빨아들여 물과 분리해야 하는 벌을 받는다.

② 임산부가 소 머리맡에 오줌을 누면 낳은 아기가 침을 흘린다.

③ 쥐구멍에 오줌을 누면 독기가 뿜어져 나와 자지가 붓는다.

④ 지렁이에 대고 오줌 누면 자지가 붓는다.

13. 똥·오줌 누는 자세

▶ 앉아 누기

우리가 독립한 뒤, 이승만 대통령이 여성 임 아무개를 상공장관으로 뽑았다. 이에 조 아무개 박사가 "앉아서 오줌 누는 사람과 어떻게 국사를 다루겠는가?" 불평을 늘어놓았다고 한다. 지금도 아내를 '앉아서 오줌 누는 사람'에 빗대는 이가 있다. 그러나 남자들도 더러 앉아서 누었다. 할아버지 친구 중에 그런 분이 있었다. 함경남도 함흥의 서당 학동들은 서는 것보다 앉아 누는 것을 점잖은 행동으로 여겨서, '앉는 것은 10전 짜리, 서는 것은 5전 짜리'라 불렀다.

몽골의 남자들도 앉는다. 겉옷이 우리네 두루마기처럼 내리닫이인 데다가, 겨울에는 영하 50도까지 내려가므로, 앉는 쪽이 편하다. 네팔·방글라데시·인도 등지의 남자들도 마찬가지이다. 남자는 서서 똥·오줌을 누지 말라는 불교 계명도 있다. 『소승률(小乘律)』 가운데 사분율 육십권(四分律 六十卷)의 백중학법(百衆學法)에 생풀이나 남새 위 또는 물속에서 똥·오줌을 누거나 "선 채 똥·오줌을 누지 말라"고 적혔다.

중국에도 남자가 앉아서 누는 풍속이 있었다.

부잣집 딸 축영대(祝英臺)는 남장을 하고 남학생들과 공부하였다. 양산백(梁山伯)은 그네와 뜻이 맞아 형제처럼 지냈다. 음식을 함께 먹는 것은 말할 것도 없고, 잠도 같이 잘 정도였다. 축영대가 중국 남부의 여자처럼 마통에 쭈그려 앉아 오줌을 누자, 이상히 여긴 학생들이 "어째서 여자처럼 오줌을 누느냐?" 물었다. 그네는 "인간은 쭈그려 앉아 누는 것이 당연하다. 서서 오줌 누는 것은 짐승의 짓이다" 하였다. 이를 그럴 듯하게 여긴 학생들은 모두 한 때 쭈그려 앉아 오줌을 누었다(永尾龍造, 1941;849~850).

이란에서는 남자가 앉아서 오줌을 누는 까닭에 아예 남성용 소변기가 없다.

고대 그리스에서도 밤에는 남자가 앉아서 오줌을 누었다. 헤시오도스(Hesiodos, 서기전 8~7세기)가 쓴 『노동과 나날』의 내용이다.

해를 향해 서서 오줌을 누면 안 된다. 또 해가 지고 (잘 기억하라) 다시 뜨기까지, 길 위나 길에서 떨어진 곳이나 걷는 중에는 오줌을 누지 말라. 또 앞을 벌려서도 안 된다. 밤은 복된 신의 것이기 때문이다.

분별 있는 남자라면 앉아서 누든가, 견고하게 둘려 쌓인 안뜰의 벽 옆에 가서 눈다.

이집트도 마찬가지였다.

서기전 450년쯤 헤로도토스(Herodotos)가 『역사』에 남긴 내용이다(제2권).

이 나라 특유의 풍토와 독특한 하천, 성격을 달리하는 강 때문인지, 거의 모든 습관이 다른 민족과 정반대이다. 예컨대, 여자는 시장에서 장사를 함에도, 남자는 집에서 옷감을 짠다. 또 다른 나라에서는 씨실을 아래에서 위로 밀어 올리며 짜지만, 이집트인은 위에서 아래로 밀어 내린다. 짐을 나를 때도 남자는 머리에 이고 여자는 어깨에 멘다. 오줌도 여자는 선 채 누고, 남자는 쪼그려 앉는다. 그들은 똥·오줌은 집안에서 누고 식사는 집밖의 길에서 한다. 반드시 해야 하는 일이라도 보기 흉한 것은 비밀리에 할 필요가 있지만, 그렇지 않은 것은 공개적으로 해야 한다는 것이 그들의 주장이다(헤로도토스, 1987;137).

이집트에서는 이슬람교가 퍼진 뒤, 남자는 모두 뒷간에 들어가 여자처럼 오줌을 누었다. 9세기경부터 아라비아인이 아시아에 이슬람교를 퍼뜨림에 따라, 동남아시아나 인도네시아의 남자도 반드시 뒷간에 들어가 앉아서 누었다.

▶ 서서 누기

여자가 언제나 앉아서 오줌을 눈다는 생각은 잘못이다. 일본의 간사이(關西) 지역을 비롯한 여러 곳에서는 흔히 서서 누었다(그림 18).
한 학자(市川建夫)의 설명이다.

특히 기모노나 작업바지 몸뻬를 입었을 때는 서는 것이 편하다. 몸뻬는 윗몸을 반 이상 꺾어서 잔뜩 구부리고 다리를 벌린 다음, 손을 허리에 얹고 볼기를 번쩍 들어올린다. 기모노는 윗몸을 앞으로 조금 기울이고 다리를 벌린 뒤, 무릎을 구부리고 나서 옷자락을 쥔 왼손을 허리에 댄다. 오줌은 두 다리 앞쪽으로 뻗쳐 나간다(市川建夫, 1978).

1803년에 다키자와 바킨(瀧澤馬琴)은 교토(京都)의 여성이 서서 오줌을 누는 일을 적었다.

교토에서는 상류층 여성들도 사람들 앞에서 선 채 오줌을 눈다. 나는 거리를 걷다가 선 자세로 양동이를 뒤로한 채 오줌을 누는 것을 목격하였다. 그네는 자기가 하고 있는 일에 대해 전혀 부끄러움을 느끼지 않는 것처럼 보였고 비웃는 사람도 없었다.
여성의 입장에서 오줌을 흘리지 않고 선 자세로 누는 것은 고난도의 기술이다. 혹시 교토의 여성들은 다른 문화권에서는 발견하지 못 했던 여성의 신체에 관한 해부학적 비밀을 알고 있었는지도 모른다. 20세기 초반은 현대적 개혁이 시작된 시기였다. 시의회에서는 여학생들이 서서 오줌 누는 것을 막는 문제에 대해 토론

그림 18 서서 오줌 누는 일본 여성 왼쪽에 갈때기꼴의 오줌 받이까지 놓았다.

사진 257 길가에서 선 채 오줌을 누는 일본 여성. 오줌을 따로 모으려는 정성이 이 같은 관습을 낳았다.

을 벌였다. 교토 여성들이 재능을 발휘할 수 있는 시절도 얼마 남지 않았다(호란, 1996;228).

어떤 이(曲亭馬琴)는 교토 구경 이야기 끝에 "집집마다 뒷간 앞에 오줌통이 있어 여성도 거기에 오줌을 누며, 부자 집 아낙네도 모두 서서 누었다. 또 두 셋이 나란히 선 채 엉덩이를 통 쪽으로 대고 부끄러운 기색이 없이 오줌을 누었다"고 하였다(荒 宏, 1990;12). 고치현(高知縣) 일대에서 여성 셋이 나란히 서서 오줌 누는 선물용 인형을 판 것을 보면, 이러한 관행은 널리 퍼져 있었던 것으로 생각된다.

20세기에 들어와서야 고치려는 시도가 있었다. 1909년 7월, 후쿠시마현(福島縣)의 교육 관계자들이 "여학생이 서서 오줌 누는 것을 금지하자"는 논의를 벌인 것이다. 여성이 선 채 오줌을 누는 방식은 팬티를 입지 않았기에 가능하였다.

1971년에도 이 같은 관습이 남아 있었다. 사진 257이 그것으로, 처마 아래의 소변소에는 오줌이 튀지 않도록 널벽 쪽에 나무틀을 기대어 놓았을 뿐, 전후좌우를 통틀어 가리개가 없다. 이에 대한 설명이다.

이러한 광경은 근년까지 자주 눈에 띄었다. 옷자락과 허리띠를 위로 감아올리고 나서 엉덩이를 조금 뒤로 뺀 다음, 다리를 벌리고 오줌을 눈다. 끝나면 엉덩이를 조금 흔들기만 하며 종이는 쓰지 않는다. 어릴 때부터 이렇게 하는 까닭에 구멍에서 오줌이 벗어나는 일은 없다(須藤功·津山正幹, 1994;61).

여성이 서서 오줌 누는 일에 대해 야스다 도쿠타로오(安田德太郎)는 이렇게 말한다.

인류는 직립자세를 취하면서 모두 서서 오줌을 누게 되었다. 여자는 해부학적으로 남자와 구조가 달라서 서서 뒤쪽으로 눈다. 세계 어느 나라나 마찬가지이다. 일본 여성도 고대부터 줄곧 서서 뒤로 누었다. 특히 논농사를 짓는 사람들은 똥·오줌을 중요한 거름으로 여겨서, 옛적부터 따로 갈무리하였다. 이 때문에 똥은 앉아서, 오줌은 서서 누기 위해 대변소와 소변소를 두었다. (중략) 농가의 여성은 오줌을 결코 대변소에서 누지 않았고 비가 내린다면 모를까? 오줌독으로 가서 서서 뒤로 누었다. 농민으로서의 일본여성은 2000년 전부터 이렇게 누어왔다.

실제로 간사이 지방의 여자는 어릴 때 대변소에서 앉아 오줌을 누다가도, 성장하면 소변소에서 서서 뒤로 누는 연습을 하였다. 여자아이가 서서 오줌을 눌 수 있는 것은 어른이 된 징표였기 때문에, 부끄럽기는커녕 오히려 큰 자랑이었다. 처녀가 앉아서 오줌을 누면, 아직도 어린아이라고 남자들까지 바보로 여겼다. (중략)

도쿠가와(德川) 시대에는 에도의 여자도 간사이 지역처럼 서서 오줌을 누었다. 무사는 서서 오줌 누는 것을 촌스럽다며 크게 얕보았지만, 똥의 권리는 집주인이, 오줌은 세 든 사람이 가졌던 까닭에, 여성은 자기 집의 수익을 위해서 소변소에서 서서 오줌을 누었다. (중략)

메이지(明治) 시대에 들어와 에도(江戸)의 서민 여성이 대변소에 앉아서 앞쪽으로 오줌을 누게 된 것은 소변소가 서양식으로 개조되었기 때문이다. 여자는 더 이상 허리를 세우고 서서 뒤쪽으로 오줌을 눌 수 없었던 것이다. 이는 어디까지나 서양 문명의 영향이었다.

고대의 아일랜드·근세의 오스트레일리아·뉴질랜드·북아메리카의 콜로라도 ·니카라과·아프리카의 앙골라 등에서도 남자는 앉아서, 여자는 서서 뒤로 누었다(安田德太郎, 1953;92).

그는 유럽의 풍속에 대해서도 이렇게 적었다.

고대 이집트의 오줌 누는 방법은 종교와도 관련이 있었다. 이집트에서도 옛적에는 일본인처럼 남녀가 모두 서서 오줌을 누었지만, 종교상 남자가 서서 성기를 내어놓는 것은 신에 대한 불경으로 여긴 까닭에 앉아서 누게 되었다. 그러나 여자가 서서 누어도 신은 언제나 앞쪽에 있고 뒤로는 가지 않으므로, 벌을 받지 않는다고 여긴 것이다. (중략)

중세 유럽에서도 남녀가 모두 서서 누었다. (중략) 16세기의 독일 귀족 여자들도 마찬가지였다. (중략) 유럽에서 농민여성이 앉아서 누기 시작한 것은 근대 자본주의시대에 들어와서이며, 19세기에 독일 화학자 리비크(Justus von Liebig, 1803~1873)가 화학비료를 발명한 덕분이다. 그러나 동구와 러시아의 농민들은 지금도 서서 눈다. 크로아티아에서는 여자들이 때로 서서 똥을 누는 반면, 세르비아의 여자들은 예외 없이 앉아서 똥을 눈다(安田德太郎, 1953;95).

그러나 앞에서 든 대로, 남자가 앉아서 오줌을 누는 목적은 성기 노출을 피하기보다, 오줌 방울이 옷이나 몸에 튀는 것을 막으려는 데에 있다. 여성이 서서 오줌을 누는 관행은 일본 뿐 아니라 세계 여러 곳에 퍼져 있다. 북 아메리카 원주민 가운데 아파치족과 모하브족, 아프리카의 앙골라족 여성들도 서서 오줌을 누었고, 심지어 이탈리아나 프랑스의 여성도 예외가 아니었다.

지금도 태국 북부 산악지대의 라후족과, 베트남과 에치오피아의 여성도 서서 오줌을 눈다. 인도의 여성도 마찬가지였던 듯하다.『팔만대장경』가운데 이를 금하는 내용이 그것이다.

『중학법(衆學法)』에 백 가지의 간단한 규정들이 있다. 비구들의 옷차림과 몸

가짐에서부터 뒷간 사용법에 이르기까지 잡다하게 규정하였다. (중략) 심지어 비구가 서서 오줌 누는 것은 당나귀 같은 짓이라 금하였고, 생 풀 위에 오줌을 누는 것도 소 같은 짓이라 금하였다(제9집, 미사색부화혜오분률[彌沙色部和醯五分律], 제1분).

14. 똥·오줌 누는 방법

우리가 똥을 누면, 오줌도 자연히 따라 나온다. 똥 누기 직전에 오줌을 누었을지라도, 몇 방울쯤은 떨어지게 마련이다. 방광과 직장은 서로 다른 기관이지만, 거의 동시에 작용하여 배설물을 밖으로 내보내는 것이다. 이 점은 중국인이나 일본인도 마찬가지이다.

그러나 미국인은 다르다. 똥은 똥대로 오줌은 오줌대로 따로 눈다. 우리처럼 똥을 눌 때, 오줌이 따라 나오지 않는 것이다. 우리가 똥만 누고 오줌은 나중에 다시 누는 백인종의 습관을 신기하게 여기듯이, 저들도 우리 쪽을 기이하게 생각한다.

일본인 야스가와 미쓰끼(安川實)의 경험담이다. 그는 1953년 미국 테네시 주립대학 입학허가를 받고 기숙사에 들어갔다. 그 곳에는 변기 20개가 칸막이 없이 나란히 놓여있었다. 당연히 옆 사람과 이야기를 나누며 똥을 누게 마련이었다.

어느 날 한 학생이 물었다.

"어이 미쓰끼, 너는 똥 누기 전에 오줌을 누냐?"

"나는 둘 다 한꺼번에 하니까 편하다."

그러나 주위 학생은 아무도 믿지 않았다. 미쓰끼는 그 기능여부에 대해 내기를 걸었다.

나는 40여명 가까이 모여선 학생들 앞에서 변기에 앉아, 나오는 것이 잘 보이도록 허리를 조절하면서 분명하게 '우쓰 자아, 보단 보단' 소리와 함께 똥·오줌을 함께 떨어뜨린 다음, 밑도 닦지 않은 채 눈앞의 30불을 거머쥐고 변소에서 뛰어 나와 달아났다(礫川全次, 1996;22).

유럽 사람들은 어떠한가? 독일의 한 대학교수에게 묻자, "다른 사람은 알 수 없으나, 나와 아들은 아침에 일을 볼 때, 똥만 누고 오줌은 뒤에 따로 눈다"고 대답하였다. 이번에는 미국 아리조나주 피닉스시 부근에 거주하는 원주민(아파치족)의 관습을 알아보았다. 놀랍게도 우리와 같았다. 멕시코 사람도 마찬가지였다. 이것이 몽골로이드와 코카소이드 사이에 나타나는 인종적 차이에서 오는 것인지 어떤지 궁금하다.

15. 똥장수

▶ 거름으로서의 똥

농가에서는 "한 사발의 밥은 주어도, 한 삼태기의 재는 주지 말라"고 일러왔다. 거름의 소중함과 이를 장만하는 데에 드는 노력과 정성이 짐작되는 말이다.

거름에는 두엄을 비롯하여 똥·오줌·재·똥재·풀 등이 있다. 이밖에 깻묵·벽토(壁土)·진흙·구들의 재·물풀(水草)·쌀겨·마른 멸치·동물의 뼈·부드러운 나뭇가지·바다 풀(海藻) 따위도 썼다.

두엄은 외양간·마굿간·돼지우리 바닥에 깔았던 짚이나 풀에, 재와 연한 버드나무와 잣나무 가지를 섞어 만든다. 가을과 겨울에는 주로 짚을, 봄부터 하지 사이에는 버들가지를, 7월에는 백양나무 가지를 잘게 잘라 보탠다. 농가에는 반드시 두엄터가 있었다. 외양간과 뒷간 가까운 곳은 말할 것도 없고, 소나 말을 매는 뒤꼍이나 앞마당의 나무그늘에도 마련하였다. 두엄더미에 오줌이나 개숫물을 붓고, 이따금 뒤집어서 고루 썩혔다. 두엄 아래쪽에 구덩이를 파서 외양간의 오줌과 두엄더미의 지지랑물을 모으고, 쌀겨나 볏짚 등을 태운 재도 버무렸다. 두엄은 나온 곳에 따라 외양간의 것은 소두엄, 마굿간은 말두엄, 돼지우리의 것은 돼지두엄이라 일렀다. 들풀로 만든 풀두엄은, 초가을의 농한기에 잡풀을 베어 썩혔다가 이듬해

그림 19 기산 김준근의 똥장수 그림
지게에 바소거리를 얹은 것을 보면 똥재
를 받으러 가는 중인 듯 하다.

봄에 썼다.

볏짚을 태운 재는 알칼리성이 강해서 산성 토질을 개량하는 데에 효과가 크다. 18세기 후반기에 나온 『천일록(千一錄)』의 내용이다.

끼니마다 먼저 아궁이의 재를 알뜰히 긁어낸 다음에 불을 지펴야한다. 재위에 불을 때면 묵은 재는 곧 없어지기 때문이다. 옛적에 한 과부는 아궁이의 불을 지필 때마다, 생흙을 파다가 아궁이 안에 넣었다. 아침저녁으로 이같이 하고 불을 땐 다음, 재와 함께 긁어모아 거름으로 쓴 덕분에 언제나 소출이 배가 넘었다.

옛집의 벽을 헐어낸 흙이나 구들을 받치는 흙, 그리고 도랑·개울·저수지 바닥의 흙도 좋은 거름 감이었다. 이를 모으려고 해마다 모를 낼 무렵에 구들을 뜯기도 하고, 이듬해에 쓰려고 일부러 잔디를 떠다가 구들받침으로도 삼았다. 물속의 앙금은 밭둑에서 한 번 말렸다가 거름으로 주었다.

오줌도 채소밭에는 없지 못할 거름이었다. 농가에서는 사랑방이나 뒷간 가까운 곳에 오줌독을 따로 묻고 모았다. 농사에 열심인 사람은 남의 사랑에서 놀다가도 오줌이 마려우면, 제 집으로 달려가서 누었다.

『천일록』의 내용이다.

사람의 오줌은 독에 담아 오래 썩일수록 효과가 크다. 그러므로 농가에서는 큰 독 2~3개를 땅에 묻어두며, 또 질그릇 동이 4~5개를 집 안팎 으슥한 곳에 놓아서 오줌을 받아 큰 독에 부어야 한다. 초겨울부터 정월 보름 사이에 모은 것은 가을 보리밭에 주고, 정월부터는 오줌에 재를 섞어 뒤집으면서 햇볕을 �</br>쬔 뒤에 덧거름으로 쓴다. 한해 동안 집안 사람들의 오줌을 모으면 100무(百畝)의 논밭에 낼 수 있다.

똥은 밭가의 웅덩이에 모았다. 옛적에는 큰 독을 묻었으나, 근래에는 시멘트로 넓고 깊게 확을 만들며, 서너 달 썩힌 뒤에 거름으로 쓴다.

영서(嶺西)지방에서는 6~7월에 큰물이 지거나, 겨울철 파도에 밀려나오는 해조(海藻)도 거름으로 삼았다. 똥을 조금 섞어 재어 두었다가 모심기 전에 뿌린 것이다. 거름이 워낙 모자라면 바닷물에 똥·오줌을 섞어서 보름쯤 썩힌 뒤에 보리밭에 주고, 똥이 부족한 집에서는 바닷물만 썩혀서 썼다.

마른 멸치도 빻아서 못자리나 아이김을 맬 때 뿌렸다. 200평이면 멸칫가루 두 말이 적당하다. 정어리도 좋은 거름 감이었다. 기름을 짤 때 나오는 '늠치물(정어리를 늠치라고도 한다)'을 감자 심기 전에 밑거름으로 주었다. 40평(감자 씨 한 말을 심는 넓이)에 8말쯤 든다. 채소밭이나 참외밭에는 개똥을 물에 타거나 · 오줌에 섞어서 주었다. 농가에서는 개똥삼태기를 들고, 아침 일찍 길가로 다니며 모았다.

▶ 조선시대의 똥장수

조선시대 중기에는 마을과 거리의 똥을 주워서 거름으로 팔아 생계를 이어간 사람이 있었다. 다음 글은 박지원이 이덕무(李德懋, 1741~1793)에 관해 쓴 글 가운데 일부이다. 이덕무가 엄행수라는 똥장수를 칭찬하며 친교를 맺은 데에 대해, 제자(字牧)가 항의하자 그의 인품을 설명한 대목이다.

선귤자(蟬橘子, 이덕무의 호)에게 예덕 선생(穢德先生)이라는 친구가 있었다. 종본탑(宗本塔) 동편에 사는 그는, 날마다 마을의 똥을 져 나르는 것이 생업이 었다. 마을 사람들은 그를 '엄행수(嚴行首)'라 불렀다. '행수'는 막일을 하는 노인에 대한 호칭이고 '엄'은 그의 성씨이다. (중략)

구월에 서리가 내릴 때부터 시월에 엷게 얼음이 얼 무렵이 되면, 남의 뒷간의 똥 찌꺼기·마구간의 말똥·홰 밑에 구르는 쇠똥·닭똥·개똥·거위똥 등을 치운다. 또 돼지똥·비둘기똥·토끼똥·참새똥을 주옥처럼 긁어모아도 누구 하나 염치없다 하지 않고, 그 이익을 독점해도 의롭지 못하다 않으며, 아무리 많이 차지하여도 양보할 줄 모른다는 따위의 말을 듣지 않는다. 손바닥에 침을 탁탁 뱉고 가래를 휘둘러 허리를 굽힌 채 일하는 모습은, 마치 날짐승이 먹이를 쪼는 형상이다.

왕십리(枉十里)의 무, 살꽂이 다리의 순무, 석교(石郊)의 가지·오이·수박·호박, 연희궁(延禧宮)의 고추·마늘·부추·파·개나리(連翹), 청파(靑坡)의 미나리, 이태인(利泰仁)의 토란 등은 제일 좋은 밭에 심지만 모두 엄씨의 똥을 써야 토질이 비옥하고 잘 자란다. 그는 매년 6천 전(錢)을 버는 데에도 아침이면 한 대접 밥을 먹고, 힘차게 하루 동안 다니다가 저녁이면 또 한 대접 밥만 먹는다. 누가 고기를 먹으라고 권하자 "목구멍을 넘어가면 채소나 고기나 배부르기는 일반인데 맛을 취할 것이 있겠느냐?" 사양한다. 또 누가 좋은 옷을 입으라고 권하자 "소매 넓은 옷을 입으면 몸이 활발치 못하고, 새 옷을 입으면 똥을 지고 다니지 못한다"며 거절한다. 해마다 정월 초하룻날 아침에야 비로소, 벙거지에 띠를 두르고 의복에 신발을 갖춘 뒤 인근에 두루 세배를 다닌다. 그리고는 돌아와서 헌 옷으로 갈아입고 다시 바지게를 짊어지고 골목을 누빈다(박지원, 1997;275~279).

실학자의 글답다. 엄행수가 한 해 동안 똥을 긁어모아서 벌어들인 6천 냥의 가치가 얼마나 되는지는 알 수 없다. 그러나 내용으로 미루어 그리 궁색하지 않게 산 듯하다. 수입이 짭짤한 데다가 서울 근교의 남새밭에서 성안의 똥을 거름을 썼다고 하였으니, 똥장수도 한 둘이 아니었을 것이다.

그러나 박제가가 남긴 다음 글은, 거름 이용률이 매우 낮았던 사실을 알려준다.

개똥과 말똥이 사람의 발에 항상 밟히게 되니, 이것만으로도 밭을 잘 가꾸지 않음을 알 수 있다. 똥도 이미 남겨두고 재는 모두 길에다 버려서 바람이 조금만 불어도 눈을 뜨지 못한다. 이리저리 날려서 많은 집의 술과 밥을 더럽힌다. (중략)

시골에는 사람이 적은 까닭에 재를 얻으려 해도 많이 못 얻는다. 그러나 지금 성 안에는 한 해 동안의 재만 하여도 몇 만 섬이나 되는지 모를 지경이다. 그것을 모두 버리고 이용하지 않으니 이는 몇 십만 섬의 곡식을 버리는 것과 같다. (중략)

지금 모든 벼슬아치들이 이처럼 재를 함부로 버리니 것을 막아야 한다. 농사에 이익이 되고 나라도 깨끗해 질 것이니 한 번 일을 시작하여 두 가지 좋음이 되기 때문이다(『북학의』 外篇 「田」).

▶ 20세기의 똥장수

아궁이에서 나오는 재는 뒷간 한쪽에 모아 두었으며, 이를 모으는 잿간을 따로 세우기도 하였다. 똥을 누고 나서, 고무래로 재를 끌어다가 똥·오줌에 버무려서 밀어두는 것이 똥재이다. 이것은 냄새가 적고 저장이나 운반이 간편한데다가, 병균의 번식이나 곤충의 접근을 막는다. 그러나 똥·오줌의 질소 성분을 잃기 쉽고, 인산염(燐酸鹽)의 분해를 방해하는 결점도 없지 않다.

똥재는 사고팔았다. 1910년대에 경기도 수원에서 상등품 한 섬에 30전, 중등품 20전, 하등품은 10전에 거래되었다(三浦菩明, 1914;173). 19세기말에서 20세기 초에 걸쳐 활약한 기산(箕山) 김준근(金俊根)의 풍속화에도 지게 진 '똥장사' 그림이 서너 점이나 있다(그림 19).

15세기 초에 나온 『농사직설』에도 똥재에 관한 내용이 있다.

올벼 못자리에 똥재를 주되, 다년간 못자리로 쓰던 논에는 다섯 마지기에 석 섬(三石)을, 처음으로 만든 데에는 넉 섬(四石)을 준다.

233   다음은 우리나라 논에 쓰는 거름과 양을 지역에 따라 조사한 내용이다(三浦菩明,

1914;173).

거름	경기 수원	경남 함안	경북 대구	전북 전주
두엄	100~150	150~250	90~100	50~100
풀	100~150	70~100	50~100	50~100
짚	80~100	50~100	100~120	30~50
똥재 또는 똥오줌	50~100	100~150	100~150	60~90

단보(300평)당 관(3.75kg)

이 표에 따르면 두엄은 함안에서, 풀은 수원에서, 짚은 대구에서, 똥재는 함안과 대구에서 가장 많이 썼다. 거름 이용 또한 함안이 으뜸이다.

서울에서는 1908년부터 근대적인 위생 사업을 벌인다는 명목으로, 시내의 똥·오줌을 모아서 근교의 농민들에게 팔았다. 이를 위해 1910년에 독립문 밖과 아현동에 임시 분뇨처리장을 설치하였고, 고지대의 아현동 분뇨장에서 마포 강까지 토관을 묻어 흘려 보낸 다음, 배에 실어 강변의 농촌으로 날랐다.

1913년 5월, 일본인이 세운 남한상회와 서울시(京城府) 사이에 계약을 맺었다. 시에서 하루 500석 이상 공급하고, 회사에서 1섬(石)에 6전2리를 낸다는 내용이다. 연간 판매액은 해마다 늘어나서 1914년에 10,617원이던 것이, 1916년에 19,840원에 이르렀다. 그러나 분뇨처리장 인근의 주민들이 큰 피해를 입게 되어 계약이 깨졌다. 똥·오줌의 배출량이 엄청나게 늘어난 탓이다. 1918년(인구 25만)에 하루 800석이던 것이 1925년에 1,200석으로, 1941년에는 3,044석으로 급증하여, 트럭 10대와 마차 250대 외에 300명의 인부가 동원되었다.

초기에는 분뇨처리장을 동대문 밖·효창동·뚝섬 등 세 곳에 두었으며, 동대문 밖의 것은 뒤에 광희문 밖을 거쳐 용두동으로 옮겼다. 그리고 뚝섬의 것은 효창동에 합쳤다. 교통이 불편하고 겨울이면 강이 얼어서 배로 나를 수 없었기 때문이다. 얼마 뒤 효창동 처리장도 다시 이촌동으로 이전하였다.

이에 따라 1935년 6월부터 서울시는 호별세 부과 때 똥·오줌 처리비용을 따로 받았다. 사정이 완전히 뒤바뀐 것이다. 그러나 일부 지역에서는 오랫동안 똥·오줌이 상품 구실을 하였다. 우리 동네(서대문구 옥천동)에서는 한국전쟁 무렵까지도 돈을 받고 내어 주었다. 지금의 홍은동·불광동·구파발 등지의 농민들이 퍼가면서 주인에게 얼마씩 돈을 건넨 것이다. 특정한 사람에게만 거름을 주고, 겨우내 땔 섶나무나 솔가리를 받기도 하였다. 그러나 꼭두새벽에 와서 몰래 퍼 가는 얌체도 없지 않았다. 이를 뒤늦게 안 주인이 "우리 똥 도둑맞았다"고 외치는 소리가 이따금 골목에 울렸다.

똥·오줌은 바가지·깡통·철모 등에 긴 작대기를 잡아맨 '똥바가지'로 퍼서 똥통에 담았다. 작은 똥통은 똥지게 양쪽에 달린 고리에 걸어 날랐다. 똥·오줌이 통에서 줄줄 흘러내린 까닭에, 이들이 한 번 다녀가면 한 동안 온 동네에 구수한 냄새가 풍겼다. 연탄을 때던 시절에는 연탄재를 덮었다. 똥통은 큰길가에 세워둔 손수레로 날랐으며 수레에는 나무쪽으로 짠 둥근 그릇이 있었다. 수레를 끌고 가서 밭 어귀나 거름 구덩이 아래의 주둥이를 열면 오물이 쏟아져 나왔다.

1960년대에는 이를 서울시 청소국이 맡았다. 길가에 큰 나무 궤를 얹은 똥마차를 세워 놓고, 멜대 양쪽에 거름통을 건 청소원들이 "똥 퍼요"를 외치며 골목을 누볐다. 집주인은 이들에게 한 통에 얼마씩 돈을 내었다. 이들이 똥·오줌을 풀 때에는 곁에 지켜 서 있었다. 흔히 통을 덜 채우거나 나르기 좋게 건더기만 건져 가기 때문이다. 국물이 많이 남으면 똥이 떨어질 때 볼기까지 튀어 올라 낭패를 보기 십상이므로, 얼마 동안은 앞사람이 눈 자리에 맞추어 떨어뜨렸다.

겨울에는 청소원의 일이 고되었다. 꽁꽁 얼어붙은 똥을 쇠꼬챙이로 꺼야하기 때문이다. 얼어붙은 똥·오줌이 뒷간 위로 솟아올라도 청소원들이 잘 나타나지 않은 까닭도 이에 있었을 것이다. 아낙네들은 "똥 퍼요" 소리가 들리기 무섭게, 뛰어나가서 그들의 팔을 잡아끌며 사정을 늘어놓았다. 그리고 '귀하신 몸'이 나타난 사실을 이웃집에도 알렸다.

똥마차를 대신한 트럭이 등장하였지만, 서울시의 보유량이 1956년 현재 45대에 지나지 않아 불편이 이만저만이 아니었다. 시에서는 분뇨수거를 1953년 12월부터 각 경찰서의 보안과에 맡겼다. 이때부터 서울 근교의 농민들이 거두어 가던 똥·오줌은 대행업자에게 넘어갔다.

인용 문헌

가. 우리 문헌

김광언, 1986,『한국농기구고』, 한국농촌경제연구소

김광언·김홍식, 2008,『송석헌』, 민속원

김미영, 2000,〈안동 양반의 가족과 친족생활〉,『안동양반의 생활문화』, 안동시
·안동대학교 민속학연구소

김영자, 1997,『조선왕국 이야기』, 서문당

김용숙, 1987,『朝鮮朝 宮中風俗硏究』, 일지사

金元龍, 1962,〈三國時代 動物形土器 試考〉, 美術資料 6

두창구, 2001,『동해시 지역의 설화』, 국학자료원

무비(無比) 편찬, 1994,『화엄경』 2, 민족사

박제가 지음, 이익성 옮김, 1971,『北學議』, 을유문고 51

박지원, 課農小抄

徐聲勳, 1979,〈百濟 虎子 二例〉, 百濟文化 第12集

예용해, 1979,『이바구 저바구』, 까치

殷和秀, 1998,〈傳 開城出土 靑磁虎子에 대한 考察〉, 考古學誌 第9集, 韓
國考古美術硏究所

이규태, 2001, 『이규태 코너』, 월간조선사

이재곤, 1996, 『서울의 민간신앙』, 백산출판사

임석재, 1989, 『한국구전설화』임석재 전집 4(함북·함남·강원편), 평민사

丁若鏞, 『與猶堂全書補遺』 3책, 1979, 京仁文化社

한양명, 2000, 〈안동 양반의 제사활동〉, 『안동양반의 생활문화』, 안동시·안동
대학교 민속학연구소

현각, 1999, 『하버드에서 화계사까지』, 열림원

홍순민, 1999, 『우리 궁궐 이야기』, 청년사

다. 일본 문헌

光藤俊夫·中山繁信, 1984, 『すまいの火と水』, 彰國社

今村鞆, 1928, 『民俗歷史·朝鮮漫談』, 南山吟社

礫川全次, 1996, 『糞尿の民俗學』, 比評社

三浦苕明, 1914, 『朝鮮肥料全書』, 日本園藝研究會

西岡秀雄, 1987, 『トイレツトペ- パ- の文化誌』, 論倉社

西谷大, 2001, 〈豚便所〉, 國立歷史民俗博物館 研究報告 第90輯

孫晉泰, 1932, 〈厠に於ける朝鮮民俗に就いて, ドルメ 第8號〉, 『糞尿の民
俗學, 1996, 比評社』

須藤功, 1994, 『すまう』, 弘文堂

市川建夫, 1978, 『風土の中の衣食住』, 東京書籍

永尾龍造, 1941, 『支那民俗誌』第二卷, 支那民俗誌刊行會

赤松智城 外, 1937, 『朝鮮巫俗の研究』, 大阪屋号書店

荒 宏 外, 1990, 『日本トイレ博物誌』, 圖書出版社

다. 서양 문헌

Adams Hart-Davis, 1997, 『An Encycloopedia : Thunder, Flush And
Thomas Crapper』, Michael O' Mara Books Limited(『トイレおもしろ百科』,
1998, 藤澤邦子 譯, 文藝春秋)

Bishop, Isabella. B., 1898, 『Korea and Her Neighbors』, St. James
        Gazette, London(『한국과 그 이웃나라들』, 1994, 이인화 옮김, 살림)

Edward, S. Morse, 1893 March. 18, 〈Latrines Of The East〉, 〈The
American Architect And Building News〉Vol. XXXIX~NO. 899

John Gregory Bourke, 1891, 『Scatologic Rites Of All Nations』, W. H.
Lowdermilk & Co., Washington(성귀수 옮김, 2002, 『신성한 똥』, 까치글방

Julie L. Horan 지음, 남태경 옮김, 1996, 『1.5평의 문명사』

Lawrence Wright, 1960, 『The Fascinating History Of The Bathsroom
And The Water Closet』, (『風呂トイレ讚歌』, 1989, 高島平吾 譯옮김, 株式
        會社 晶文社)

Rev. George W. Gilmore, A. M., 1892, 『Korea from its Capital : with a
Chapter on Mission』, Presbyterian Board of Publication and Sabbath-
School Work, Philadelphia,(『서울 풍물지』, 1999, 신복룡 옮김, 집문당)

Par M Charles Varat, 1892, 『Voyage en Core'e』, Le Tour Monde Vol.
LXⅢ

W. R. Carles, F. R. G. S. , 1888, 『 Life In Corea 』, Macmillan And Co.

저자 　　김광언(金光彦)

1939년 서울 출생
서울대학교 사범대학 국어교육과 졸업.
서울대학교 문리과대학 고고인류학과 졸업.
일본 도쿄대학 대학원(문화인류학) 졸업.
국립민속박물관장 역임.
현재 인하대학교 명예교수, 문화재위원회 민속문화재 분과위원장.

주요 저서 　『박장흥댁』(2009, 민속원)

『백불고택』(2008, 민속원)

『송석헌』(2008, 민속원, 공저. 문화관광부 선정 우수학술도서)

『한·일·동시베리아의 사냥』(2007,·민속원. 대한민국학술원 우수학술도서)

『동아시아의 뒷간』(2007, 중국어판, 南京 鳳凰出版傳媒集團 발간)

『동아시아의 놀이』(2004, 민속원. 문화관광부 우수학술도서)

『지게 연구』(2003, 민속원. 대한민국학술원 우수학술도서)

『동아시아의 뒷간』(2002, 민속원. 대한민국학술원 우수학술도서)

『디딜방아 연구』(2001, 지식산업사. 대한민국학술원 우수학술도서)

『민속놀이』(2001, 대원사)

『우리문화가 온 길』(2001, 민속원)

『우리 생활 100년·집』(2000, 현암사. 중앙일보사 좋은 책)

『한국의 집지킴이』(2000, 다락방. 문화관광부 우수학술도서)

『기층문화를 통해 본 한국인의 상상체계』상·중·하(1998, 민속원, 공저)

『운반용구』(1998, 국립문화재연구소)

『한국의 부엌』(1997, 대원사)

『김광언의 민속지』(1994, 조선일보사)

『아! 고구려』(1994, 조선일보사, 공저)

『몽골/바람의 고향, 초원의 말발굽』(1993, 조선일보사, 공저)

『풍수지리』(1993, 대원사)

『한국민속학』(1988, 새문사, 공저)

『한국의 주거민속지』(1988, 민음사)

『한국농기구고』(1986, 한국농촌경제연구원. 출판문화상 저작상 수상)

『한국의 민속놀이』(1982, 인하대 출판부)

『한국의 옛집』(1982, 마당)

『정읍 김씨 집』(1980, 열화당)

『한국의 농기구』(1969, 문공부 문화재관리국)

수상 　　1986년 출판문화상 저작상(『한국농기구고』)

2005년 월산민속학술상

2006년 대한민국 문화유산상(학술 부문)

기파랑耆婆郞은 삼국유사에 수록된 신라시대 향가 찬기파랑가讚耆婆郞歌의 주인공입니다. 작자 충담忠談은
달과 시내와 잣나무의 은유를 통해 이상적인 화랑의 모습을 그리고 있습니다. 어두운 구름을 헤치고 나와 세상을
비추는 달의 강인함, 끝간 데 없이 뻗어나간 시냇물의 영원함, 그리고 겨울 찬서리 이겨내고 늘 푸른빛 잃지 않는
잣나무의 불변함은 도서출판 기파랑의 정신입니다.

www.guiparang.com

한 권에 담은 | 우리 생활 ❶

뒷간

초판 1 쇄 발행일 2009년 12 월 16 일
초판 2 쇄 인쇄일 2010년 5 월 10 일

지은이 | 김광언
펴낸이 | 안병훈
편집주간 | 조양욱
북디자인 | design54
펴낸곳 | 도서출판 기파랑
등록 | 2004년 12월 27일 제300-2004-204호
주소 | 서울시 종로구 동숭동 1-49 동숭빌딩 301호
전화 | 02)763-8996(편집부) 02)3288-0077(영업마케팅부)
팩스 | 02)763-8936
e-mail | info@guiparang.com
ISBN | 978-89-91965-17-1(03380)

값 15,000원